AF275100

GRACIAS POR CONFIAR EN COLEX

Disfrute gratuitamente **DURANTE UN AÑO** de los eBook, audiolibros y Colex Copilot de las obras de Editorial Colex*

ACTIVA TU CÓDIGO PARA ACCEDER A LOS SERVICIOS

1. Accede a **www.colex.es**.

2. Inicia sesión o regístrate como usuario.

3. Dirigete al menú de usuario y haz clic en **«Mis códigos»**.

4. Introduce el siguiente código (RASCA PARA VER EL CÓDIGO):

◆ Una vez se valide el código, aparecerá una ventana de confirmación y su eBook / audiolibro / Colex copilot estarán activos **durante 1 año desde su activación** en la pestaña «Mis libros» en el menú de usuario.

* Los audiolibros están disponibles en las ediciones más recientes de nuestras obras. Se excluyen expresamente las colecciones «Códigos comentados», «Biblioteca digital» y los productos de www.vademecumlegal.es. Colex Copilot únicamente está disponible en las ediciones más recientes de las colecciones «Paso a paso» y «Vademecum».

No se admitirá la devolución si el código promocional ha sido manipulado y/o utilizado.

¡Gracias por confiar en nosotros!

La obra que acaba de adquirir incluye de forma gratuita la versión electrónica.

Acceda a nuestra página web para aprovechar todas las funcionalidades de las que dispone en nuestro lector.

Funcionalidades eBook

Acceso desde cualquier dispositivo con conexión a internet

Idéntica visualización a la edición de papel

Navegación intuitiva

Tamaño del texto adaptable

Síguenos en:

NUEVA FUNCIONALIDAD CON INTELIGENCIA ARTIFICIAL EN LOS LIBROS DE COLEX

| Una cortesía de Iberley.es |

En Colex damos un paso más en innovación jurídica. Desde ahora, las guías «Paso a paso» y los «Vademecum» incorporan una nueva funcionalidad basada en **inteligencia artificial**, gracias a la tecnología de **Iberley IA**.

El lector podrá interactuar directamente con el contenido del libro de forma inmediata, útil y centrada exclusivamente en su materia.

☑ ¿Qué puede hacer el usuario en el libro?

- 🗨 Realizar preguntas sobre el contenido del libro.

- 📚 Solicitar explicaciones de artículos, conceptos o normativa.

- ✳ Utilizar un ChatBot inteligente, contextualizado y acoplado al contenido legal del libro.

- 💡 Resolver dudas puntuales mientras se estudia o trabaja con la obra.

☒ ¿Qué no puede hacer esta versión del ChatBot?

- ✗ No permite generar escritos jurídicos.

- ✗ No analiza ni responde documentos externos.

- ✗ No responde a consultas de otras materias distintas a la del libro.

Esta herramienta está pensada para enriquecer la experiencia de lectura y consulta del libro. Su uso es exclusivo sobre su contenido.

¿QUIERES IR MÁS ALLÁ? DESCUBRE IBERLEY IA

Si necesitas una **solución** avanzada de inteligencia legal, con cobertura total de materias y documentos, entra en **www.iberley.es** y accede a todas las funcionalidades profesionales:

CUADRO SIMBÓLICO DE FUNCIONALIDADES		
Funcionalidad	**En los libros Colex**	**En Iberley.es**
Preguntar sobre el contenido del libro	✓	✓
Solicitar explicaciones jurídicas	✓	✓
ChatBot integrado al contenido del libro	✓	✓
Consultas sobre otras materias	✗	✓
Análisis de documentos externos	✗	✓
Generación de escritos jurídicos	✗	✓
Traducción jurídica	✗	✓
Informes y resúmenes legales automáticos	✗	✓
Contratos, guías prácticas y emails para clientes	✗	✓
Estrategias judiciales y jurisprudencia instantánea	✗	✓

DELITO DE LESIONES

Análisis práctico de los diferentes
delitos de lesiones y su penalidad

DELITO DE LESIONES

Análisis práctico de los diferentes
delitos de lesiones y su penalidad

EDICIÓN 2025

**Obra realizada por el Departamento de
Documentación de Iberley**

COLEX 2025

© Editorial Colex, S.L.
Calle Costa Rica, número 5, 3º B (local comercial)
A Coruña, C.P. 15004
info@colex.es
www.colex.es

I.S.B.N.: 979-13-7011-447-3
Depósito legal: C 1906-2025

SUMARIO

0.
INTRODUCCIÓN

El delito de lesiones, paso a paso

Los delitos de lesiones, regulados en el título III del libro II del Código Penal (arts. 147 a 156 quinquies), abarcan una amplia variedad de conductas que, con menor o mayor gravedad, atentan contra la integridad física y psíquica de las personas. Mediante un enfoque teórico práctico, la presente guía analiza los elementos esenciales de esta figura delictiva, las peculiaridades de su regulación legal y los criterios de su aplicación en la práctica de nuestros tribunales.

‖ Un marco penológico flexible

El sistema penal español establece una estructura escalonada y flexible para los delitos de lesiones, adaptando las penas a factores como la gravedad del daño causado, la intencionalidad del agresor y las circunstancias específicas del caso. Además, cuando las lesiones tienen lugar en el ámbito de violencia doméstica o de género, se prevé la imposición de penas accesorias.

Partiendo del **tipo básico** de lesiones del art. 147.1 del CP como núcleo de esta categoría delictiva, se analizan las circunstancias que motivan la aplicación del **tipo agravado** del art. 148 del CP —por el uso de medios peligrosos o la concurrencia de ensañamiento o alevosía—, así como los **subtipos leves** de los apartados 2 y 3 del art. 147 del CP —delito leve de lesiones y delito de maltrato de obra— diferenciando estas conductas de las más graves.

El análisis se extiende a las **lesiones graves y muy graves**, para las que se prevé la imposición de mayores penas, atendiendo a sus consecuencias. Así, constituyen lesiones graves del art. 150 del CP las que conllevan la pérdida o inutilidad de miembros u órganos no principales o generan deformidades, y lesiones muy graves (art. 149 del CP) las que implican la pérdida o inutilidad de miembros u órganos principales o de un sentido, así como la impotencia, la esterilidad, una grave deformidad, o una grave enfermedad somática o psíquica.

Además de las lesiones dolosas, se tratan las **lesiones por imprudencia**, distinguiendo entre la imprudencia **grave** —regulada en el apartado 1 del art. 152 CP— y la **menos grave** —prevista en el apartado 2 del mismo precepto—.

‖ Lesiones *vs.* riña tumultuaria

Finalmente, se aborda la figura de la **riña tumultuaria**, tipo penal previsto en el art. 154 del CP, caracterizado por la participación dolosa y desorganizada de varios individuos que se acometen confusa y mutuamente, utilizando medios peligrosos para la vida o la integridad de las personas. Pese a estar regulado en el título III, el delito de riña tumultuaria no tiene la misma naturaleza jurídica que el delito de lesiones, ya que el primero es un delito de mera actividad y peligro concreto, y el segundo es un delito de resultado.

‖ Otros aspectos

Además de las cuestiones anteriores, se analizan aspectos que inciden en la determinación de la responsabilidad penal —como la provocación, conspiración o proposición para cometer delitos de lesiones (art. 151 del CP) y el consentimiento del ofendido (arts. 155 y 156 del CP)— y en la individualización de la condena —como las medidas accesorias y complementarias previstas en los artículos 156 quater y quinquies del CP—.

1.
EL DELITO DE LESIONES

Protección penal de la integridad física y psíquica: el delito de lesiones

El delito de lesiones es uno de los tipos penales de mayor relevancia práctica dentro del Derecho penal español. Según datos del INE (2024) el 17,2 % del total de los delitos cometidos fueron de lesiones.

Este tipo delictivo se encuentra regulado en los artículos 147 al 156 quater del Código Penal (CP). El bien jurídico protegido es la integridad física y psíquica de las personas, con el fin de preservar la salud entendida en un sentido amplio. Es por ello que este tipo ha sido objeto de diversas reformas legislativas, orientadas a adaptar el contenido del texto legal a la realidad social, médica y tecnológica, para poder al fin mejorar la tutela del bien jurídico.

‖ Regulación del delito de lesiones

El título III del libro II del Código Penal regula bajo la rúbrica «De las lesiones» este tipo penal. En el artículo 147 del CP y siguientes se establece un sistema escalonado de tipos delictivos, abarcando desde las formas más leves hasta las más graves.

Se define al delito de lesiones como aquella conducta que cause un daño a la integridad corporal o a la salud física o mental del sujeto pasivo, siempre que exista intención de dañar y el resultado de la acción requiera tratamiento médico o quirúrgico para su sanación. Así pues, se excluyen expresamente las lesiones que únicamente precisen de una primera asistencia facultativa. La pena establecida para el delito es de prisión de tres meses a tres años o multa de seis a doce meses.

Cabe destacar que la jurisprudencia considera que por lesión se debe entender todo daño en la sustancia corporal, una perturbación de las funciones del cuerpo, pero también, como se expresa en la **SAP de Cantabria, n.º 198/2017, de 19 de mayo. ECLI:ES:APS:2017:643,** se apreciará el delito de lesiones cuando se producen malestares físicos de cierta entidad, como el terror o el asco, quedando afectado el sistema nervioso central, para cuya curación es preciso un tratamiento psíquico.

|| Bien jurídico protegido

El precepto protege la integridad física y psíquica de las personas, entendiendo a esta como el derecho de todo sujeto a conservar su cuerpo y su salud, sin sufrir daños ni alteraciones injustificadas. Existe una estrecha relación con el derecho reconocido por el artículo 15 de la Constitución española: el derecho fundamental a la vida y a la integridad física y moral, sin que pueda recurrirse en ningún caso a la tortura ni a tratos inhumanos o degradantes.

A mayores, los diferentes tipos del delito pueden ampliar la protección: por ejemplo, en el delito cometido en el contexto de violencia de género, contra menores o contras personas especialmente vulnerables, también se protege la convivencia familiar, la igualdad, etc.

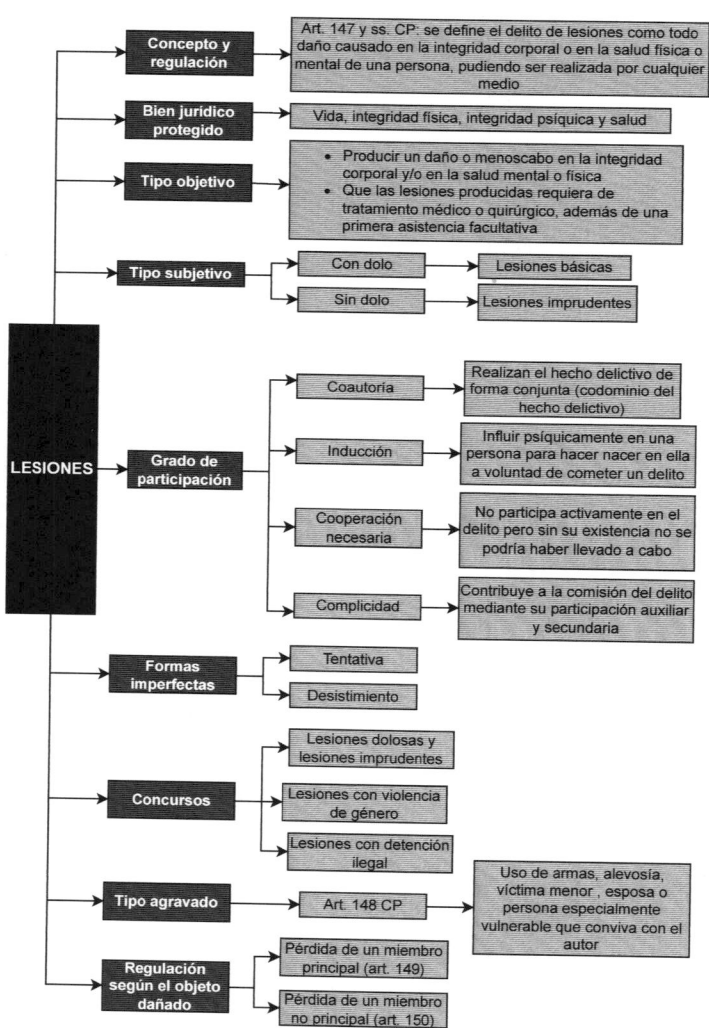

> **A TENER EN CUENTA**. El artículo 148 del C.P. respecto a los menores de edad, fija que la edad a tal efecto será la de 14 años. Así fue modificado por la Ley Orgánica 8/2021, de 4 de junio, de protección integral a la infancia y la adolescencia frente a la violencia (en vigor en fecha 25/06/2021).

Penalidad del delito de lesiones

La penalidad recogida para el delito varía en función de la gravedad del resultado producido por la conducta, del grado de participación del sujeto activo, del contexto de la agresión y de la existencia o no de circunstancias agravantes o atenuantes. Así pues, nuestro ordenamiento jurídico establece una estructura flexible para poder adaptar la respuesta punitiva a las características concretas e individuales de cada hecho.

En el tipo básico del delito (artículo 147.1 del Código Penal), se castiga con la pena de prisión de tres meses a tres años o multa de seis meses a doce meses; en el delito de lesiones leves (apartado 2 y 3 del artículo 147 del Código Penal) se castiga con multa de uno a tres meses; y para el delito de lesiones agravadas se establece la pena de prisión de dos a cinco años. A mayores, en los delitos cometidos en el ámbito de violencia doméstica o de género resulta habitual imponer penas accesorias como la prohibición de aproximarse, comunicarse o residir en determinados lugares.

A mayores, los arts. 156 quater y 156 quinquies del Código Penal establecen como penas a mayores:

- **Medida de libertad vigilada:** si la víctima fuera alguna de las personas que refiere el apartado 2 del artículo 173 del CP: cónyuge o persona que esté o haya estado ligada al autor por una análoga relación de afectividad aun sin convivencia; el delito se comete sobre los descendientes, ascendientes o hermanos por naturaleza, adopción o afinidad, propios o del cónyuge o conviviente, o sobre los menores o personas con discapacidad necesitadas de especial protección que con él convivan o que se hallen sujetos a la potestad, tutela, curatela, acogimiento o guarda de hecho del cónyuge o conviviente, o sobre persona amparada en cualquier otra relación por la que se encuentre integrada en el núcleo de su convivencia familiar, así como sobre las personas que por su especial vulnerabilidad se encuentran sometidas a custodia o guarda en centros públicos o privados.

- **Pena de inhabilitación especial** para cualquier profesión, oficio u otras actividades, sean o no retribuidos, que conlleve contacto regular y directo con personas menores de edad, por un tiempo superior entre tres y cinco años al de la duración de la pena de privación de libertad impuesta en la sentencia o por un tiempo de dos a cinco años cuando no se hubiere impuesto una pena de prisión, en ambos casos se atenderá proporcionalmente a la gravedad del delito, el número de los delitos cometidos y a las circunstancias que concurran en la persona condenada.

> **A TENER EN CUENTA**. Estos dos preceptos fueron añadidos al Código Penal mediante Ley Orgánica 8/2021, de 4 de junio, de protección integral a la infancia y la adolescencia frente a la violencia (en vigor en fecha 25/06/2021).

¿Qué otras conductas típicas pueden ser constitutivas de un delito de lesiones?

El **artículo 156 ter del CP** contempla también como conducta típica de delito de lesiones:

«La distribución o difusión pública a través de Internet, del teléfono o de cualquier otra tecnología de la información o de la comunicación de contenidos específicamente destinados a promover, fomentar o incitar a la autolesión de personas menores de edad o personas con discapacidad necesitadas de especial protección será castigada con la pena de prisión de seis meses a tres años.

Las autoridades judiciales ordenarán la adopción de las medidas necesarias para la retirada de los contenidos a los que se refiere el párrafo anterior, para la interrupción de los servicios que ofrezcan predominantemente dichos contenidos o para el bloqueo de unos y otros cuando radiquen en el extranjero».

1.1. Tipo objetivo

Conducta típica del delito básico de lesiones

La conducta típica del tipo básico del delito de lesiones, regulado por el apartado 1 del artículo 147 del Código Penal, consta de dos elementos esenciales:

1. Producir un **daño o menoscabo en la integridad corporal y/o en la salud mental** del sujeto pasivo. El daño puede originarse mediante cualquier tipo de medio o procedimiento (por ejemplo, violencia física directa, como golpes; a través de medios indirectos, como envenenar; o incluso a través de agresiones psíquicas). Se debe producir siempre un resultado lesivo, consistente en una alteración relevante de la salud previa de la víctima.

2. Que se requiera **tratamiento médico o quirúrgico**. El Tribunal Supremo ha concretado que dicho tratamiento *«debe ser requerido objetivamente para alcanzar la sanidad, lo que excluye la subjetividad de su dispensa por un facultativo o por la propia víctima. Además, debe trascender de la primera asistencia facultativa como acto médico o quirúrgico separado, lo que demanda una cierta continuidad del tratamiento por el propio facultativo o una prescripción para que se realice ese tratamiento por otro profesional sanitario»* (STS n.º 224/2023, de 29 de marzo, ECLI:ES:TS:2023:1325). Así pues, la sentencia define a los tratamiento médicos o quirúrgicos como *«Toda actividad posterior a la primera asistencia... tendente a la sanidad de las lesiones y prescrita por un médico»*. Por tanto, no se considerará tratamiento a los simples diagnósticos y la pura vigilancia o prevención médica. Cabe destacar que en el delito leve de lesiones (apartado 2 del artículo 147 del Código Penal) no se exige este requisito.

Es importante distinguir el **tratamiento médico,** consistente en la planificación de un sistema de curación o de un esquema médico prescrito por un titulado en medicina con finalidad curativa, del **tratamiento quirúrgico**, que será aquel que, por medio de la cirugía, tiene la finalidad de curar una enfermedad a través de operaciones de esta naturaleza, cualquiera que sea su importancia.

JURISPRUDENCIA

La sentencia del Tribunal Supremo n.º 58/2015, de 10 de febrero, ECLI:ES:TS:2015:418, define el tratamiento médico como «*(...) el procedimiento que se utiliza para curar una enfermedad o para reducir sus efectos, tanto si se realiza por el médico que presta la asistencia inicial como si se encomienda a auxiliares sanitarios, quedando al margen el simple diagnóstico y la pura vigilancia o prevención médica. En sentido estricto, el tratamiento médico consiste en la planificación de un sistema de curación o de un esquema médico prescrito por un titulado en medicina con finalidad curativa; el tratamiento quirúrgico es aquel que, por medio de la cirugía, tiene la finalidad de curar una enfermedad a través de operaciones de esta naturaleza, cualquiera que sea su importancia: cirugía mayor o menor, incluyendo distintas actuaciones (diagnóstico, asistencia preparatoria ex ante, exploración quirúrgica, recuperación ex post, etc.)', (STS n.º 732/2014, de 5 de noviembre)*».

Así mismo, es de especial relevancia trazar la línea que divide el tratamiento médico (relevante a efectos penales) de la **simple vigilancia o seguimiento.** Sobre esta cuestión, dicta el Tribunal Supremo que: «*Sin que se puedan establecer criterios absolutos (...) lo cierto es que en el seguimiento o vigilancia deben incluirse esencialmente los supuestos de comprobación del éxito de la medicación prescrita, de simple observación de la evolución de las lesiones o de señalamiento de medidas meramente precautorias, pero no aquellos que incluyan asistencias adicionales*». (STS n.º 732/2014, de 5 de noviembre, ECLI:ES:TS:2014:4453).

CUESTIONES

1. ¿Son las steri-strips (tiras adhesivas de aproximación) un tratamiento médico-quirúrgico o una simple primera asistencia?

La reciente jurisprudencia del Tribunal Supremo considera su uso como un verdadero tratamiento médico-quirúrgico, que equivalen funcionalmente a la sutura tradicional mediante puntos de aproximación. Además, tienen un efecto terapéutico extenso, ya que se requiere un tiempo prolongado para la cicatrización y regeneración del tejido tisular. (STS n.º 519/2016, de 15 de junio, ECLI:ES:TS:2016:2898).

2. ¿Se puede considerar tratamiento médico unas pautas de cura en casa proporcionados por el facultativo?

La sentencia del Tribunal Supremo n.º 635/2016 de 14 de julio, ECLI:ES:TS:2016:3466, entiende que esto se considera una actividad curativa calificable de tratamiento médico. En este caso, tras realizar unos puntos de sutura, se indica al paciente que realice curas diarias en su domicilio y la retirada de los puntos en 10 días, pautándole además un tratamiento médico de ingesta durante 13 días de antiinflamatorios. Ya que el tratamiento es determinado por un/a médico y es objetivamente necesario para la curación, procede apreciar este requisito.

3. ¿Someterse a tratamiento psicológico voluntariamente para sanar el estrés postraumático puede considerarse tratamiento médico?

La sentencia del Tribunal Supremo, n.º 58/2015, de 10 de febrero, ECLI:ES:TS:2015:418, analiza un caso en el que la víctima se somete voluntariamente a un tratamiento psicológico por 270 días para sanar el estrés postraumático causado por el delito. El Tribunal entiende que este tratamiento no encaja en la concepción de tratamiento médico o quirúrgico, ya que «*al no haber sido prescrito por un médico no puede tener carácter de tratamiento médico a efectos penales*».

Conducta típica del delito leve de lesiones

El delito leve de lesiones, recogido por el apartado 2 del artículo 147 del Código Penal, requiere únicamente del requisito de producción de un daño o menoscabo en la integridad corporal y/o en la salud mental del sujeto pasivo. No será necesario que el daño requiera tratamiento médico o quirúrgico. Así pues, se incluyen en este tipo todas aquellas lesiones que solamente requieren una primera asistencia facultativa para su curación.

A mayores, se exige un requisito de perseguibilidad, y es que el apartado 4 del artículo 147 del Código Penal determina la necesidad de que la víctima o su representante legal presenten denuncia previa. Así pues, se constituye este tipo como un delito semipúblico o semiprivado, que será únicamente perseguible a instancia de la víctima y que, en su caso, mediante el perdón de esta misma se extinguirá la acción penal.

Lesiones psíquicas derivadas del delito de lesiones

Para finalizar, cabe resaltar la doctrina del Tribunal Supremo por la que se establece el requisito esencial de **existencia de lesión corporal como causa inicial de las lesiones psíquicas**. Es decir, la afectación a la salud mental debe de ser siempre consecuencia de la lesión corporal. Así pues, la sentencia del Tribunal Supremo n.º 375/2003, de 10 de marzo, ECLI:ES:TS:2003:1580, establece: «*En la doctrina se ha considerado que una lesión corporal se debe apreciar siempre que exista un daño en la sustancia corporal, una pérdida de sustancia corporal, una perturbación de las funciones del cuerpo, o una modificación de la forma de alguna parte del cuerpo. Pero, fuera de estos casos, también se ha entendido por lesión la producción de malestares físicos de cierta entidad, como la producción de terror o de asco. Con respecto a estos últimos fenómenos se ha entendido que sólo cabe apreciar la exigencia de incidencia corporal cuando "junto a la conmoción del equilibrio espiritual se dé también una excitación de los nervios sensitivos del sistema central nervioso que transmiten las impresiones sensibles". A partir de este concepto se ha entendido que constituye una lesión corporal escupir a otro, someterlo continuadamente a fuertes ruidos, el aterrorizar a otro mediante la amenaza con un arma, etc.*». Por lo tanto, la jurisprudencia sigue la teoría de la imputación objetiva, es decir, se atiende a la causalidad natural de la acción que conlleva a un resultado. De esta forma, solo si se cumple el nexo podrá atribuirse responsabilidad penal por el delito de lesiones.

CUESTIÓN

¿Pueden considerarse las lesiones psíquicas sufridas por la víctima de una detención ilegal como un delito independiente en la responsabilidad penal?

La sentencia del Tribunal Supremo n.º 167/2012, de 1 de marzo, ECLI:ES:TS:2012:1796, aborda la cuestión de las lesiones psíquicas. Los recurrentes sostenían que el estrés postraumático de las víctimas formaba parte de la tipicidad del delito de coacciones y no debía sancionarse como un delito autónomo de lesiones. Sin embargo, el Tribunal Supremo desestima este argumento señalando que, conforme a doctrina consolidada y al Acuerdo del Pleno no jurisdiccional de 10 de octubre de 2003, cuando del relato fáctico resulta una sustantividad propia y diferenciada de la lesión psíquica respecto al delito principal (en este caso, la detención ilegal), cabe la condena autónoma por delito de lesiones.

En el caso concreto, el Tribunal constata la concurrencia de todos los elementos necesarios para considerar que la conducta produjo lesiones psíquicas típicas, con la consiguiente necesidad de tratamiento médico. Así, la privación de libertad se ejecutó con «*intensidad y exceso de agresión*», mediante presión con armas punzantes y amenazas de muerte, lo que generó un daño psíquico relevante y separado de la mera detención ilegal. El perito forense dictaminó sobre la existencia de las lesiones, su etiología y la necesidad de tratamiento, lo que permite su subsunción autónoma como delito de lesiones, y no como simple consecuencia accesoria de la detención ilegal.

En síntesis, la sentencia establece que la producción de lesiones psíquicas, acreditadas por pericial forense y con autonomía respecto a los hechos principales, debe sancionarse de manera diferenciada conforme al tipo penal del delito de lesiones, sin quedar absorbida ni por el delito de detención ilegal ni por el de coacciones.

Sujeto activo y pasivo del delito de lesiones

El delio de lesiones es un **delito común**, por lo que puede ser cometido por cualquier persona, sin ser necesaria ninguna cualificación específica (aunque en ciertos tipos agravados si es relevante dicha condición). Por otro lado, el sujeto pasivo podrá ser también cualquier persona física que sufra un menoscabo en su salud o integridad.

1.2. Tipo subjetivo

Dolo e imprudencia en el delito de lesiones

El tipo subjetivo del delito se refiere al elemento intencional. En el delito de lesiones, el tipo subjetivo exige **dolo** como regla general, aunque cabe la comisión por **imprudencia** en casos específicamente tipificados (artículo 152 del Código Penal).

Así pues, en el tipo básico del delito de lesiones (apartado 1 del artículo 147 del Código Penal) se requiere dolo, es decir, el autor de los hechos debe cometer la acción de forma intencionada, por cualquier medio o procedimiento, con el objetivo de causar una lesión. Tal y como establece la sentencia del Tribunal Supremo n.º 452/2017, de 21 de junio, ECLI:ES:TS:2017:2518, «*el Código Penal no exige en estos tipos delictivos un dolo directo o específico, siendo suficiente para su aplicación que el resultado esté abarcado por el dolo eventual. En segundo lugar, es aceptado, que no es admisible un deli-*

to de lesiones cualificado por el resultado y que por tanto no basta para la aplicación de estos preceptos un dolo genérico o indeterminado respecto del resultado agravado determinante de la cualificación. Ahora bien, ha de precisarse que la sanción por dolo eventual no requiere que el conocimiento y voluntad del sujeto abarquen la producción del resultado en su sentido jurídico, que constituye una nueva cuestión de "subsunción" ajena a la subjetividad del agente, sino el resultado en su sentido natural, que es lo que necesariamente tuvo que prever y aceptar el acusado, dada la alta probabilidad de que se ocasionase».

CUESTIÓN

¿Cabe apreciar dolo en una conducta violenta sin intención directa de lesionar?

La sentencia del Tribunal Supremo, n.º 826/2013, de 5 de noviembre, ECLI:ES:TS:2013:5331, resuelve el recurso de casación interpuesto por el demandado, condenado por causar graves lesiones a la víctima tras golpearle violentamente en la cabeza, provocando que esta perdiese la consciencia y cayese al suelo, causándole lesiones de extrema gravedad, con consecuencias permanentes e incapacidad. El demandado recurrió en casación alegando que debería aplicarse la figura de lesiones imprudentes en base, principalmente, a la ausencia de dolo. El Tribunal Supremo, tras analizar la cuestión, desestima el recurso argumentando que existió dolo en la conducta del acusado, pues el golpe proporcionado fue intencional, violento y dirigido a una persona desprevenida, lo que hace previsible el resultado lesivo. El Tribunal señala que el dolo en el delito de lesiones no requiere la voluntad específica de causar el resultado exacto, sino el conocimiento y la voluntad de realizar los elementos objetivos del tipo penal, así como la consciencia del riesgo que la acción supone para el bien jurídico protegido.

|| Modalidades de dolo

Conforme a la jurisprudencia del Tribunal Supremo (STS n.º 566/2017, de 13 de julio, ECLI:ES:TS:2017:2822), se distinguen diferentes modalidades de dolo que pueden apreciarse en el delito de lesiones:

- **Dolo directo**. El sujeto activo del delito persigue activamente el resultado de los hechos y tiene la voluntad de querer causar el resultado típico. Por ejemplo, dar un puñetazo intencionadamente en la cara.

- **Dolo eventual**. El sujeto activo del delito no persigue el resultado de forma directa, pero es consciente de la posibilidad de que este ocurra y actúa voluntariamente en consecuencia. Por ejemplo, lanzar un objeto de cristal a una persona, sin apuntar a una zona concreta, pero siendo consciente de que es posible que impacte en la cara u otra zona del cuerpo y genere daños.

Así pues, cabe destacar el fragmento de la STS n.º 566/2017, de 13 de julio, ECLI:ES:TS:2017:2822, que expone: «(...) *según reiterada jurisprudencia de esta Sala, actuar con dolo significa conocer y querer los elementos objetivos que se describen en el tipo penal; sin embargo, ello no excluye un concepto normativo del dolo basado en el conocimiento de que la conducta que se realiza pone en concreto peligro el bien jurídico protegido, de manera que en su modalidad eventual el dolo radica en el conocimiento del peligro concreto que la conducta desarrollada supone para el bien jurídico, pese a lo cual el autor lleva a cabo su ejecución, asumiendo o aceptando así el probable resultado que pretende evitar la norma penal. En otras palabras, se estima que obra con dolo quien, conociendo que genera un peligro concreto jurídicamente desaprobado, no obstante actúa y continúa realizando la conducta que somete a la víctima a riesgos sumamente relevantes que el agente no tiene seguridad alguna de poderlos controlar o neutralizar, sin que sea preciso que persiga directamente la causación del resultado homicida, ya que es suficiente con que conozca que hay un elevado índice de probabilidad de que su comportamiento lo produzca».*

Aun con todo, advierte la STS n.° 474/2013, de 24 de mayo, ECLI:ES:TS:2013:2913, que *«Una flexibilidad y laxitud excesivas a la hora de sopesar el grado de probabilidad exigible para apreciar el elemento intelectivo cuestionaría la concurrencia del elemento volitivo en el caso concreto, abocando así a la calificación de doloso de un hecho realmente imprudente o atípico, al mismo tiempo que se impondría la responsabilidad objetiva o por el resultado en detrimento de la responsabilidad subjetiva y del principio de culpabilidad. Y es que una concepción excesivamente extensiva del dolo eventual y de su verificación en el ámbito procesal podría devolvernos a las anacrónicas y denostadas figuras delictivas preterintencionales y a los delitos cualificados por el resultado».*

Es por ello de especial importancia matizar la **diferencia entre el dolo eventual y la imprudencia**. En ambos casos el autor no pretende de forma directa el resultado de la acción, pero sí es consciente de su probabilidad. Aun con todo, en el dolo eventual el resultado se presenta como probable, mientras que en la imprudencia se presenta como poco probable o remoto; en el dolo eventual el autor acepta que el resultado puede producirse, mientras que en la imprudencia el autor confía en que dicho resultado no se produzca. (STS n.° 452/2017, de 21 de junio, ECLI:ES:TS:2017:2518).

Así pues, en las **lesiones imprudentes**, el autor prevé la posibilidad del resultado, aunque se forma remota o verdaderamente improbable y, además, confía en que dicho resultado no se llegará a producir por su pericia y/o la idoneidad de los medios empleados. Por tanto, actúa con la esperanza de evitar el resultado, aunque este llega finalmente a producirse. Por ejemplo, conducir con una velocidad excesiva por una vía urbana, confiando en que no atropellará a nadie.

Comisión por omisión del delito de lesiones

La sentencia del Tribunal Supremo n.° 870/2014, de 18 de noviembre, ECLI:ES:TS:2014:5481, declara que las acciones descritas en el artículo 147 del Código Penal sobre lesiones abarcan en su desvalor tanto la comisión activa casual como las comisiones omisivas. Esto lo fundamenta en la definición que aporta la RAE al verbo causar que aparece en la redacción de este delito, entendiendo por causar el *«ser causa, razón y motivo de que suceda una cosa»,* de esta manera se explica el suceso como consecuencia de la omisión, como también pasa en los casos en los que se utilicen términos como ocasionar, infligir, irrogar o incluso ejercer.

Un ejemplo de comisión por omisión en el delito de lesiones es el que resuelve la propia sentencia n.º 870/2014, de 18 de diciembre, al resolver un recurso de casación presentado por la demandada, condenada en instancia previa como autora por comisión por omisión del delito de lesiones y de maltrato habitual contra su hija menor de edad. La demandada, madre de la víctima, permitió en diversas ocasiones que su hija sufriera graves lesiones por parte de su pareja sentimental, ya que dejaba a la menor bajo su cuidado pese a conocer o sospechar la conducta delictiva. Las lesiones a su hija fueron graves y repetitivas. El Tribunal Supremo profundiza en la figura de la comisión por omisión, y es que, el resultado lesivo se produce porque la madre, estando en posición de garante, no evitó los hechos delictivos. Así pues, el **dolo en la omisión** concurre ya que la madre conocía la situación de peligro en la que dejaba a su hija y aun así no actuó, pese a tener la obligación y la capacidad para impedir dicho resultado. La jurisprudencia citada por la Sala confirma que la conducta omisiva de los progenitores ante el maltrato o las lesiones reiteradas sobre los hijos es constitutiva de autoría y no de mera complicidad.

La cuestión sobre la distinción entre autor y partícipe en delitos por omisión ha sido analizada profundamente por la jurisprudencia, existiendo tres posturas al respecto (STS n.º 1267/2011, de 14 de noviembre, ECLI:ES:TS:2011:8276):

1. Quien omite será siempre partícipe, no autor, ya que nunca tendrá el control de los hechos delictivos.

2. Si el sujeto que omite tiene la posición de proteger el bien jurídico, será autor. En cambio, si la función de quien omite es solo la de controlar el peligro, será partícipe.

3. Siempre que el garante no evita un resultado delictivo, será considerado autor. Esta postura se justifica en el argumento de que el dominio del hecho no es aplicable en omisiones.

CUESTIÓN

¿Cabe apreciar comisión por omisión si la omisión no es equivalente a la modalidad activa de comisión?

La sentencia del Tribunal Supremo n.º 328/2016, de 20 de abril, ECLI:ES:TS:2016:1672, resuelve el recurso de casación interpuesto por la madre del menor y su pareja sentimental contra la condena impuesta por delitos cometidos contra el menor. Se considera probado que ambos acusados sometieron al hijo menor de la demandada a constantes actos de violencia física, psíquica y vejaciones durante varios años, causando múltiples lesiones y secuelas. Ambos fueron condenados por lesiones con deformidad (entre otros): la madre como autora y su pareja como autor por omisión, por no haber impedido la continuación del daño ni procurado asistencia sanitaria adecuada cuando tuvo conocimiento de los hechos. El demandado recurre la condena alegando que su conducta no era equiparable a la comisión activa, y, finalmente, reconoce el tribunal que aunque el hombre ostentaba posición de garante frente al menor, la conducta por la que fue condenado (tras golpear la madre con una botella congelada al menor, el demandado no lo llevó al médico para recibir asistencia sanitaria, sino que realizó una inmovilización doméstica del brazo) no resulta antijurídicamente equivalente a la comisión activa del hecho lesivo. La omisión del hombre consistió en realizar una actuación rudimentaria que, aunque insuficiente, buscó mejorar el estado del menor, y no puede considerarse equivalente al daño causado por la acción directa de la madre. Así pues, se absuelve al hombre del delito de lesiones con deformidad por comisión por omisión.

1.3. Sus diferencias con la riña tumultuaria

Introducción al delito de riña tumultuaria

La riña tumultuaria se concibe como una pelea desordenada en la que participan varias personas y se utilizan medios peligrosos. Esta conducta viene recogida por el artículo 154 del Código Penal, el cual establece que: «*Quienes riñen entre sí, acometiéndose tumultuariamente, y utilizando medios o instrumentos que pongan en peligro la vida o integridad de las personas, serán castigados por su participación en la riña con pena de prisión de tres meses a un año o multa de seis a 24 meses*».

Este precepto responde a la necesidad de proteger el riesgo real que se genera con esta conducta para la vida o integridad física de las personas. A mayores, se protege la seguridad colectiva.

|| Naturaleza jurídica del delito de riña tumultuaria

La naturaleza jurídica del delito, a pesar de encuadrarse dentro de los delitos de lesiones, es diferente a estos últimos. Los delitos de lesiones son de resultado, mientras que el de riña tumultuaria es de **simple actividad y de peligro concreto**. Es decir, para poder tipificar una acción como riña tumultuaria debe producirse un resultado concreto de peligro de lesión inmediata del bien jurídico protegido, no siendo necesario que se produzca un resultado efectivo. De esta forma, el legislador manifiesta su voluntad de anticipar la protección penal, ya que en el contexto de violencia colectiva la identificación de manera individual de los agresores y sus resultados concretos es especialmente dificultosa si no imposible. Además, de esta forma, también se pretende **prevenir** de forma general la comisión del delito, disuadiendo de la mera participación en situaciones de conflicto grupal. Por tanto, en el caso de la riña tumultuaria, no se requiere que se produzca el daño efectivo a la vida o integridad física de las personas (en ese caso, estaríamos ante otro tipo de delito), sino que bastará con que la conducta realizada genere un riesgo real y objetivo para estos bienes jurídicos.

|| ¿Cuál es el bien jurídico protegido en el delito de riña tumultuaria?

Debido a la ubicación del delito dentro del título III («De las lesiones») del libro II del Código Penal, el artículo 154 del Código Penal protege, de forma directa, **la vida y la integridad física de las personas**, aunque lo hace desde una perspectiva colectiva. Cabe recordar que se entiende por integridad física el derecho a no sufrir lesiones o menoscabo del cuerpo o su apariencia externa sin consentimiento. Por otro lado, el precepto también protege **la seguridad y el orden público** frente a situaciones de violencia grupal descontroladas, con el potencial real de causar daños graves. Se entiende por orden público el estado que permite el efectivo ejercicio de los derechos fundamentales.

En consecuencia, este tipo penal es un delito **pluriofensivo**, ya que atenta no solo contra los derechos individuales de las personas a su integridad física, sino también contra el interés del Estado en preservar el orden y la tranquilidad social.

‖ Tipo objetivo del delito de riña tumultuaria

El tipo objetivo del delito de riña tumultuaria se configura a partir de una serie de **requisitos acumulativos**, que han sido delimitados por la jurisprudencia (SSTS n.º 755/2022, de 14 de septiembre, ECLI:ES:TS:2022:3409, n.º 310/2012, de 8 de abril, ECLI:ES:TS:2013:1900, n.º 1180/2009, de 18 de noviembre, ECLI:ES:TS:2009:7290, n.º 486/2008, de 11 de julio, ECLI:ES:TS:2008:3978 y n.º 513/2005, de 22 de abril, ECLI:ES:TS:2005:2502, entre otras), siendo los siguientes:

- **Pluralidad de personas.** Deben participar varios individuos en la pelea. Aunque la legislación no establece un número exacto de participantes, se sobreentiende que deberán ser al menos tres, ya que una confrontación entre dos personas sería una pelea individual.

- **Agresiones físicas recíprocas.** Existe un enfrentamiento recíproco con violencia mutua entre los grupos o personas enfrentadas. Así pues, no se apreciará este tipo delictivo si la agresión es unilateral o si el ataque colectivo se dirige a una sola persona, pues ya habría concreción de la agresión.

- **Acometimiento tumultuario.** La riña se desempeña de forma confusa, desordenada y caótica. Es esencial que no se pueda determinar con claridad quién agredió a quién. Por tanto, se sanciona la participación en la situación de violencia colectiva, no de los actos individuales.

- **Uso de medios o instrumentos peligrosos.** Al menos uno de los participantes debe emplear estos medios o instrumentos peligrosos, que deben poner objetivamente en riesgo la vida o la integridad física del resto de personas. Estos medios pueden ser: armas blancas, botellas de vidrio, objetos contundentes... El resto de los participantes deben conocer el uso de estos medios o instrumentos peligrosos (principio de culpabilidad).

Así pues, cumplidos estos requisitos, todos los participantes de forma activa en la riña pueden ser considerados autores, independientemente del grado de violencia que hayan ejercido cada uno, tal y como establece la sentencia del Tribunal Supremo n.º 333/2005, de 15 de marzo, ECLI:ES:TS:2005:1590: «*(...) todos los que forman parte del grupo que con instrumentos contundentes y peligrosos y con el propósito común de agredir atacan a las víctimas, son corresponsables de los resultado lesivos producidos, aunque no haya podido determinarse la persona o personas concretas que ocasionaron las lesiones, pues las consecuencias de la acción se expanden a todos los partícipes en el ataque violento en virtud de la teoría de la comunicabilidad de la responsabilidad respecto a los resultado previsibles del "pactum scaeleris" expreso o tácito que constituían el objetivo de todos los componentes del grupo agresor*».

CUESTIONES

1. ¿Las represalias entre bandas rivales constituyen delito de riña tumultuaria?

La sentencia del Tribunal Supremo n.º 78/2018, de 14 de febrero, ECLI:ES:TS:2018:424, trata un supuesto en el que varios individuos integrantes de la banda «Los Ñetas» atacan a la banda rival de los «Latin Kings» en un espacio público, en represalia por una agresión previa de estos a los primeros. Emplearon armas blancas y actuaron de forma coordinada. El tribunal considera acreditada la participación activa y dolosa en el ataque, que calificó como una agresión concertada y planificada, tendente a causar la muerte (aunque esta no llegase a consumarse por circunstancias ajenas a la voluntad de los autores, entre ellas la buena atención médica recibida por las víctimas). Además, el TS distingue los hechos de una riña tumultuaria, ya que en el caso analizado se trató de un grupo que atacó por sorpresa y de manera unilateral, con armas mortales y dirección concreta, carente pues de la reciprocidad y espontaneidad propias de la riña. Por tanto, aplica la doctrina de la coautoría en delitos de homicidio, indicando que no es necesario que cada autor lleve a cabo el acto material, sino que es suficiente su integración activa y relevante en el grupo agresor. Por todo esto, el Tribunal Supremo mantiene la condena principal por tentativa de asesinato.

2. ¿Si solo un participante usa un instrumento peligroso, cabe condenar al resto de participantes?

La sentencia del Tribunal Supremo n.º 310/2012, de 8 de abril, ECLI:ES:TS:2013:1900, resuelve esta cuestión en relación con los sucesos ocurridos durante la feria de Sevilla, donde se produce una pelea entre dos grupos de jóvenes. Uno de los participantes, al ver que la pelea se torna violenta, extrae un cuchillo jamonero y lo muestra abiertamente, aunque solo él lo utiliza, mientras sus compañeros continúan participando abiertamente en la pelea. Aunque ningún otro miembro manipula armas, son conscientes de que su compañero sí lo hacía. «*Evidentemente, por exigencias del principio de culpabilidad, los partícipes que no hubieran usado esos elementos peligrosos tendrán que conocer que alguno o algunos de su grupo sí los utilizó (STS 86/2001, de 31.1),(...) Respecto al conocimiento de la llevanza del cuchillo por otro del grupo al que pertenecía el acusado, cuya impugnación examinamos, el tribunal lo da por acreditado a través de la testifical que sitúan al este recurrente (...) el que gritó 'saca el cuchillo' lo que es revelador del conocimiento de la llevanza del medio peligroso por parte de su grupo*». Así pues, la condena no se limita a quién empuña el arma, sino que se extiende a todos los participantes del bando que concurran a la pelea con el pleno conocimiento del peligro que supone el uso de medios peligrosos, cumpliéndose así los requisitos típicos del artículo 154 del Código Penal.

‖ Tipo subjetivo del delito de riña tumultuaria

El delito de riña tumultuaria es un **delito doloso**, no admitiéndose la comisión imprudente de este tipo penal. Así pues, el sujeto activo debe conocer y aceptar la participación en una pelea colectiva de carácter tumultuario en la que se usen medios objetivamente peligrosos, incluso aunque no sean empleados por dicho sujeto.

No será necesario un dolo específico, como el de lesionar o matar, sino que bastará con la simple intención consciente de tomar parte activa en una situación de riña. Por tanto, sí será necesaria dicha participación activa y voluntaria, quedando exenta la actitud pasiva frente al delito. Además, se admite también el dolo eventual, aceptando el sujeto activo la posibilidad o el riesgo de causar un resultado grave, aunque no lo busque directamente.

¿En qué se distingue el delito de riña tumultuaria del delito de lesiones?

El **delito de lesiones** presenta notables diferencias con el delito de riña tumultuaria, tanto en su naturaleza jurídica como en su estructura típica. Es fundamental establecer estas distinciones para evitar subsunciones erróneas jurídicamente en contextos de violencia grupal.

En primer lugar, la naturaleza jurídica del delito de lesiones es de **resultado**, es decir, que se exige la producción efectiva de un daño o perjuicio para la salud física o mental de la víctima. En cambio, el delito de riña tumultuaria es un delito de peligro concreto. Otra diferencia esencial es que el delito de lesiones admite **imprudencia** (además de la forma dolosa). En cambio, el delito de riña tumultuaria solo admite dolo.

A mayores, cabe destacar que, no es infrecuente que los delitos de riña tumultuaria terminen derivando en delito de lesiones, debido a la propia dinámica de dichos actos antijurídicos. En estos casos, se plantea la concurrencia del delito de riña y de lesiones. La STS n.º 1586/1997, de 18 de diciembre, ECL:ES:TS:1997:7790, aclara que resulta inaplicable el tipo penal de riña tumultuaria cuando está claramente determinada la intervención individual de los agresores y de sus actos lesivos concretos. Así pues, se aplicará de forma exclusiva el delito de lesiones: «*El delito de participación en riña cuya aplicación se sostiene en el presente motivo supone un delito de peligro concreto por la utilización de medios o instrumentos idóneos para quebrantar la integridad física de las personas con intervención de una pluralidad de individuos, supuesto delictivo que resulta inaplicable en casos como el que nos ocupa cuando está concretada la intervención de los agresores que han causado determinadas lesiones a ciertas personas por ellos agredidas*».

Sin embargo, no será preciso que se produzcan actos lesivos, de hecho, si se producen, estaríamos ante un delito de resultado material que absorbería el delito de peligro. El delito concreto de la lesión producida será compatible con el delito de participación en riña tumultuaria por haber puesto en peligro la vida o la integridad física de los participantes en la riña. Sólo si los resultados lesivos concretos afectan a todos los partícipes, queda absorbido el delito tratado por la infracción penal en que consista el resultado material lesivo.

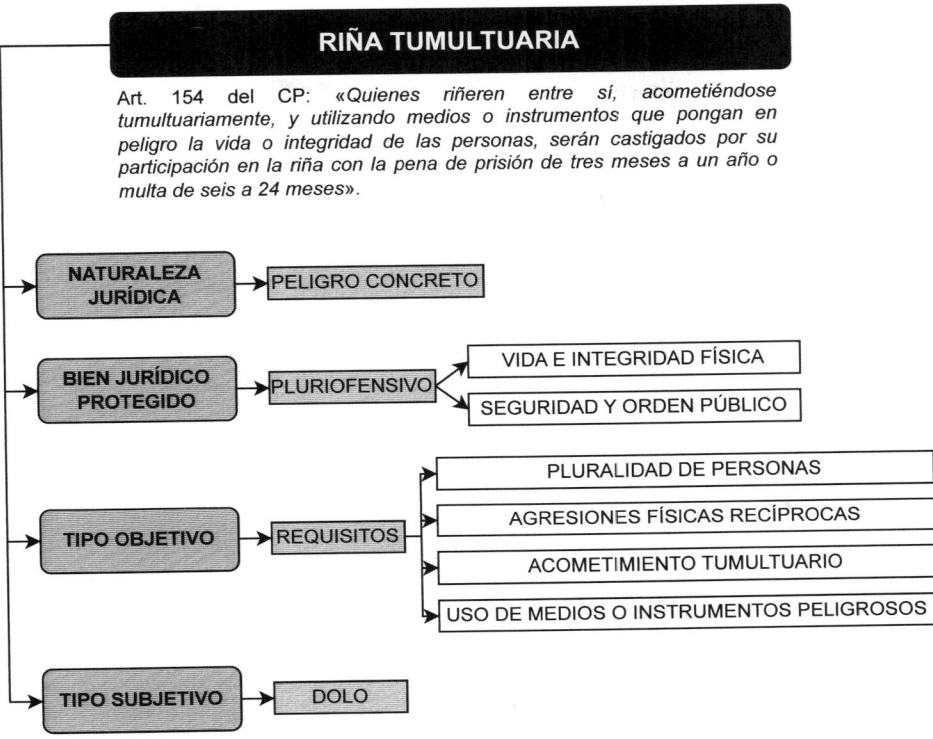

RIÑA TUMULTUARIA

Art. 154 del CP: «*Quienes riñeren entre sí, acometiéndose tumultuariamente, y utilizando medios o instrumentos que pongan en peligro la vida o integridad de las personas, serán castigados por su participación en la riña con la pena de prisión de tres meses a un año o multa de seis a 24 meses*».

NATURALEZA JURÍDICA → PELIGRO CONCRETO

BIEN JURÍDICO PROTEGIDO → PLURIOFENSIVO → VIDA E INTEGRIDAD FÍSICA / SEGURIDAD Y ORDEN PÚBLICO

TIPO OBJETIVO → REQUISITOS → PLURALIDAD DE PERSONAS / AGRESIONES FÍSICAS RECÍPROCAS / ACOMETIMIENTO TUMULTUARIO / USO DE MEDIOS O INSTRUMENTOS PELIGROSOS

TIPO SUBJETIVO → DOLO

DIFERENCIAS CON EL DELITO DE LESIONES				
	NATURALEZA JURÍDICA	CONDUCTA	MEDIOS PELIGROSOS	TIPO SUBJETIVO
RIÑA TUMULTUARIA	PELIGRO CONCRETO	COLECTIVA	REQUISITO (al menos un participante)	DOLO
LESIONES	RESULTADO MATERIAL	INDIVIDUAL	AGRAVANTE	DOLO E IMPRUDENCIA

2.
AUTORÍA Y PARTICIPACIÓN EN LOS DELITOS. LOS ACTOS PREPARATORIOS

Autoría y participación criminal

La autoría y participación en el delito vienen reguladas en el artículo 27 y siguientes del Código Penal. Estas disposiciones establecen la distinción entre autor y partícipe y la responsabilidad criminal que a cada uno corresponde por su intervención en un hecho delictivo.

La autoría del hecho delictivo

El artículo 28 del Código Penal establece que «*Son autores quienes realizan el hecho por sí solos, conjuntamente o por medio de otro del que se sirven como instrumento. También serán considerados autores: a) Los que inducen directamente a otro u otros a ejecutarlo. b) Los que cooperan a su ejecución con un acto sin el cual no se habría efectuado*». Este precepto es amplio y funcional, de manera que no se reduce al sujeto que realiza el hecho por sí mismo, sino que abarca además a quienes participan y cooperan en su realización de forma consciente, aunque no lleven a cabo materialmente la acción. Gracias a este enfoque puede nuestro ordenamiento jurídico captar la responsabilidad penal real de quienes contribuyen efectivamente a la comisión del hecho delictivo.

La sentencia del Tribunal Supremo n.º 234/2017, de 4 de abril, ECLI:ES:TS:2017:1466, resalta que «*En efecto la autoría del hecho supone e implica la titularidad de la acción, o dominio del hecho, o sea la determinación del sujeto que promueve, realiza, ejecute y lleva a efecto la ideación criminal. Prescindiendo del inductor o del cooperador necesario, la autoría se proyecta a través de diversas y distintas modalidades, ya sea la autoría directa o indirecta, ya sea la autoría mediata o inmediata. En todo caso implica, la titularidad de la acción criminal*».

Así pues, podemos identificar al autor como a aquel sujeto cuyo comportamiento puede ser directamente subsumido en el tipo legal. Esta subsumibilidad puede darse en varias formas o tipos de autoría, tal y como establece el artículo 28 CP: autoría inmediata, autoría conjunta, autoría mediata, inducción y cooperación.

‖ Autoría inmediata o principal

La sentencia del Tribunal Supremo n.º 134/2017, de 2 de marzo, ECLI:ES:TS:2017:753, recuerda que el autor directo será «*(...) quien realiza la acción típica, quien conjuga como sujeto el verbo nuclear de la acción. Característica principal del autor directo es tener el dominio del hecho porque dirige su acción hacia la realización del tipo penal*».

‖ Autoría conjunta o coejecución

El primer párrafo del artículo 28 del Código Penal recoge la posibilidad de la intervención de varios autores inmediatos en el hecho, esto es la ejecución conjunta, que representa la posibilidad de que más de una persona pueda intervenir a la vez en la comisión inmediata del hecho. Por tanto, es de especial relevancia entender cuándo un sujeto interviene en la ejecución del hecho de forma relevante para considerar que encaja en la figura de coejecutor.

Los **elementos** de la coautoría (tal y como exponen las SSTS n.º 824/2022, de 19 de octubre, ECLI:ES:TS:2022:3822, n.º 185/2017, 23 de marzo, ECLI:ES:TS:2017:1282 y n.º 413/2015, de 30 de junio, ECLI:ES:TS:2015:3177, entre otras) son los siguientes:

1. Elemento **subjetivo**: consiste en la decisión conjunta con unidad de conocimiento y voluntad de los coautores. Es requisito indispensable el dolo directo o eventual, no bastando la mera presencia o pasividad.

2. Elemento **objetivo**: requiere una ejecución conjunta del hecho punible, con una participación activa y funcional de los sujetos. Cada sujeto debe realizar necesariamente una aportación causal significativa, integrada en el plan común. Aun con todo, no es imprescindible que cada uno de los sujetos ejecuten por sí mismo los elementos principales del tipo penal.

Para determinar cuándo concurren estos dos elementos, la jurisprudencia se ha venido decantando por la **teoría del dominio del hecho**, según la cual es autor quien o quienes tengan el control funcional sobre la ejecución del delito, aun cuando no se realicen de forma personal e individualizada todos los actos típicos del delito. En este sentido, ha señalado el Tribunal Supremo en reiteradas ocasiones que «*(...) la coautoría no es una suma de autorías individuales, sino una forma de responsabilidad por la totalidad del hecho. De ahí que de ese hecho criminal no deba responder sólo el que ejecuta materialmente la acción típica sino todos los que participan con actos esenciales a su realización dominando de forma conjunta ese hecho*». (STS n.º 66/2024, de 24 de enero, ECLI:ES:TS:2024:688)

Así pues, la jurisprudencia ha establecido como **requisitos** para apreciar la autoría conjunta:

- **Unidad de acción**. Existencia de un plan común.
- **Recíproca cooperación**. Aportaciones funcionales e interrelacionadas por los sujetos.

- **Mutuo concurso en la ejecución.** Ejecución coordinada y conjunta.

Podemos diferenciar varios **tipos** de autoría conjunta:

1. **Funcional o clásica**: hace referencia al concepto que venimos tratando, consistente en que varios sujetos participen en la ejecución de hechos conforme a lo acordado por ellos previamente.

2. **Adhesiva o sucesiva**: este tipo viene reconocido por la jurisprudencia del Tribunal Supremo, y consiste en la posibilidad de considerar como autoría conjunta a quien se une al delito en curso, siempre que concurran los requisitos de (SSTS n.º 338/2017, de 11 mayo, ECLI:ES:TS:2017:1879, n.º 134/2017, de 2 de marzo, ECLI:ES:TS:2017:753 y n.º 830/2015, de 22 de diciembre, ECLI:ES:TS:2015:5617, entre otras):

- Ejecución iniciada.
- Actividad conjunta para lograr la consumación del delito ya iniciado.
- Ratificación y adhesión al plan delictivo del nuevo partícipe. No bastará con el mero conocimiento de los hechos.
- No producida la consumación previa a la adhesión del nuevo partícipe.

En esta modalidad la doctrina viene aceptado que el elemento subjetivo (decisión conjunta) se entiende realizado con el «acuerdo» que surge durante la ejecución (sentencia del Tribunal Supremo n.º 4/2020, de 16 de enero, ECLI:ES:TS:2020:619).

CUESTIÓN

¿Qué sucede si alguno de los autores conjuntos se desvía del plan inicial?

Según la teoría de las desviaciones previsibles (SSTS n.º 72/2023, de 8 de febrero, ECLI:ES:TS:2023:360 y n.º 844/2022, de 26 de octubre, ECLI:ES:TS:2022:4069) no se excluirá el carácter de coautor cuando las desviaciones del plan pactado inicialmente por los sujetos tengan lugar dentro de las probabilidades normales de desviación del planteamiento pretendido. Por ejemplo, en el caso de un robo con violencia, aunque se planee usar cuchillos para intimidar a las víctimas, es previsible que pueda haber un apuñalamiento. En este caso, todos los coautores responderán de las consecuencias derivadas de su actuación conjunta, aunque esta se haya desviado de lo acordado entre ellos inicialmente.

Por otro lado, la teoría de las desviaciones imprevisibles (SSTS n.º 250/20017, de 5 de abril, ECLI:ES:TS:2017:1582, n.º 234/2017, de 4 de abril, ECLI:ES:TS:2017:1466 y n.º 8/2017, de 18 de enero, ECLI:ES:TS:2017:89), rompe el nexo de imputación entre los participantes. Por ejemplo, en el caso de un hurto de un bolso, sin usar violencia ni intimidación, un participante se desvía de lo acordado y secuestra a la víctima. Estos hechos no pueden considerarse un riesgo inherente al tipo delictivo acordado (hurto sin violencia) y, por ende, esta acción no será asumida por el resto de sujetos.

‖ Autoría mediata

En esta forma de autoría, el autor mediato del delito realiza el tipo legal correspondiente, empleando como instrumento a otra persona que actúa de forma inconsciente en relación con la transcendencia penal de sus actos. Por ejemplo, si le piden a un sujeto alcanzar un objeto que olvidó cuando, en realidad, el solicitante no es el propietario de dicho objeto. El que acerca el objeto y lo entrega es el instrumento, ajeno a la transcendencia penal del hecho, con el que se realiza instrumentalmente el tipo delictivo, en este caso, del hurto (artículo 234 del Código Penal).

La doctrina más destacada ha afirmado que la autoría mediata se caracteriza por el dominio de la voluntad del otro. Es aquella modalidad de autoría en la que el autor no realiza directa y personalmente el delito, sino que se vale de otra persona, generalmente no responsable, que es quien materialmente lo ejecuta. Esta clase de autoría supone normalmente un dominio de la acción y de la voluntad de la persona que realiza el tipo de forma inmediata, el cual actúa como instrumento humano o brazo ejecutor de aquél subordinado a su voluntad, al hacerlo sin libertad o sin conocimiento. Por ello, puede hablarse, según los casos, de ausencia de acción relevante, de dolo, o de culpabilidad en la conducta de la persona que sirve de instrumento, quien a veces no obra siquiera de forma típica, y en mayor medida si consideramos que el dolo pertenece al tipo de injusto.

La doctrina distingue las siguientes posibilidades en relación con el sujeto que actúa como instrumento (SSTS n.º 234/2017, de 4 de abril, ECLI:ES:TS:2017:1466, n.º 580/2016, de 30 de junio, ECLI:ES:TS:2016:3173, n.º 415/2016, de 17 de mayo, ECLI:ES:TS:2016:2216 y n.º 974/2012, de 5 de diciembre, ECLI:ES:TS:2012:8701, entre otras):

1. **Instrumento sin dolo**. En este supuesto, el sujeto que ejecuta el hecho no tiene intención delictiva o dolo. En cambio, el autor mediato sí tiene dolo y, además, el control del hecho.

2. **Instrumento con error**. El sujeto que ejecuta el hecho actúa con error de tipo (es decir, desconoce un elemento del delito) o con error de prohibición (es decir, desconoce la ilicitud de sus actos). Este es el supuesto más común (el sujeto actúa de forma atípica).

3. **Instrumento coaccionado**. El sujeto que ejecuta el acto actúa coaccionado por presión o amenaza. Es relevante analizar la intensidad de la coacción, ya que esta debe de ser muy intensa para existir autoría mediata, sino cabría el tipo de inducción.

Existe también otra posibilidad y es el **instrumento inimputable**. En este caso, el autor mediato utiliza como instrumento a sujetos inimputables para cometer el delito. Resalta, a modo de ejemplo, la sentencia del Tribunal Supremo n.º 805/2023, de 26 de octubre, ECLI:ES:TS:2023:4567 («*Estamos, pues, ante un caso de autoría mediata, en que la autora, la madre, no realizó el hecho personalmente, sino que se valió de sus hijas, de las dos menores de 14, al no ser responsables penalmente, como un instrumento, pero de la mayor de 14 años también, en cuanto la utilizó al mismo fin que sus hermanas, por la simple ascendencia que tenía sobre ella como hija, actuación de la que ha de responder la madre, por ser ella quien tenía el dominio funcional del hecho delictivo perpetrado por sus hijas*»).

Así pues, al no existir culpabilidad ni dolo en el sujeto usado como instrumento, este es penalmente no responsable, siendo el autor mediato el único responsable. Aun con todo, si llegase a existir dolo en el instrumento, el tipo penal pasaría a ser el de inducción.

CUESTIÓN

¿Es posible la autoría mediata en un aborto forzado?

La figura de la autoría mediata en un aborto forzado se analiza en la sentencia del Tribunal Supremo n.º 507/2019, de 25 de octubre, ECLI:ES:TS:2019:3391. En este caso las acusadas no practicaron el aborto directamente, sino que organizaron el procedimiento e intervinieron en la decisión de la víctima, usando finalmente al personal sanitario como instrumento. Por tanto, el aborto fue practicado en base al consentimiento viciado de la víctima ya que esta accedió bajo amenazas a practicar dicha intervención. Esta circunstancia era desconocida por el personal sanitario que ejecutó el acto delictivo. Así pues, el Tribunal concluye que son las acusadas autoras mediatas por tener el dominio del hecho y servirse de terceros/as sin dolo para ejecutar al fin la acción delictiva, encajando su conducta con lo establecido por el artículo 28 del Código Penal.

‖ La inducción

Este tipo de autoría consiste en «*(...) hacer surgir en otro la voluntad de realizar un concreto hecho delictivo (...). La actuación incitante consiste en un influjo psíquico que haga aparecer el dolo en el sujeto principal (STS 1022/2012, de 19 de diciembre, entre otras), siendo relevante que para la inducción del hecho se utilice por el instigador a un sujeto intermediario o que, por el contrario, enlace directamente con los autores materiales del delito (STS 556/2003, de 10 de abril), como resulta también irrelevante que el tipo delictivo se configure como un delito especial propio (...) y que el inductor carezca de la cualificación que se exige para ser sujeto activo de la infracción penal, pues el partícipe no infringe la norma que respalda el tipo penal de la parte especial, sino la prohibición contenida en las reglas de la participación que amplían el tipo penal (STS 539/2003, de 30 de abril)*». (sentencia del Tribunal Supremo n.º 1008/2022, de 9 de enero, ECLI:ES:TS:2023:1). Así pues, en la inducción el sujeto que, sin ejecutar el delito, provoca en otro la decisión de cometerlo, actuando este último como autor inmediato, se fundamenta en la causalidad psíquica y en el dominio sobre la voluntad ajena, pues debe ser la influencia del inductor directa, eficaz y determinante. La sentencia del Tribunal Supremo n.º 358/2016, de 26 de abril, ECLI:ES:TS:2016:1785, lo refleja de la siguiente manera: «*(...) la inducción consiste en hacer nacer en otro la resolución criminal. El inductor es quien determina al autor a la comisión de un hecho delictivo creando en él la idea de realizarlo. La inducción debe ser directa y terminante, referida a una persona y a una acción determinada. Por ello la inducción es la creación del dolo en el autor principal mediante un influjo síquico idóneo, bastante y causal, directamente encaminado a la realización de una acción delictiva determinada*».

Para poder hablar de inducción, la doctrina exige la concurrencia de un **doble dolo**, que se relaciona con el doble resultado que busca el inductor (sentencia del Tribunal Supremo n.º 942/2022, de 12 de diciembre, ECLI:ES:TS:2022:4626):

- Voluntad de provocar la decisión criminal en el autor inmediato. Es decir, el inductor pretende que el inducido tome la decisión de delinquir.
- Voluntad de que el hecho delictivo sea efectivamente realizado. No basta con inducir a la ejecución, el inductor debe realmente desear que el delito se ejecute.

En lo concerniente al requisito del doble dolo, cabe resaltar que no se excluye el dolo eventual, pero siempre siendo cautelosos con su aplicación, ya que una aceptación demasiado amplia puede vulnerar el principio de culpabilidad (sentencia del Tribunal Supremo n.º 949/2016, de 15 de diciembre, ECLI:ES:TS:2016:5501).

Por último, mencionar que la diferencia entre inducción y autoría mediata suele residir en la acción del inducido. En el caso de actuar con dolo se trata de inducción, si no se hace con dolo, nos encontramos en autoría mediata (sentencia del Tribunal Supremo n.º 415/2016, de 17 de mayo, ECLI:ES:TS:2016:2216).

‖ La cooperación o cooperación necesaria

Este tipo de autoría también es conocida como cooperación necesaria, y se configura como una intervención no ejecutiva pero indispensable para la comisión de un delito y, es por esto, que justifica la aplicación de la misma responsabilidad penal que al autor.

Las SSTS n.º 723/2023, de 2 de octubre, ECLI:ES:TS:2023:3921 y la n.º 683/2022, de 7 de julio, ECLI:ES:TS:2022:2828, destacan: «*La Jurisprudencia de esta Sala ha señalado al respecto que " la cooperación necesaria supone la contribución al hecho criminal con actos sin los cuales éste no hubiera podido realizarse diferenciándose de la autoría material y directa en que el cooperador no ejecuta el hecho típico, desarrollando únicamente una actividad adyacente colateral y distinta pero íntimamente relacionada con la del autor material de tal manera que esa actividad resulta imprescindible para la consumación de los comunes propósitos criminales asumidos por unos y otros, en el contexto del concierto previo", refiriéndose a las teorías esgrimidas para diferenciar la autoría en sentido estricto de la cooperación, la de la " conditio sine qua non", la del " dominio del hecho" o la de las " aportaciones necesarias para el resultado", resultando desde luego todas ellas complementarias. Por lo que hace a la participación a título de cómplice se habla de una participación de segundo grado, que implica desde luego evidente realización de un acto de ejecución, pero accesorio, periférico, secundario o de simple ayuda, distinto de la trascendente fundamental y esencial que va embebida en la autoría (S.T.S. de 6/11/96 y las recogidas en la misma)*».

Similar al supuesto de inducción, se exige la concurrencia de **doble dolo** (SSTS n.º 442/2014, de 2 de junio, ECLI:ES:TS:2014:2327 y n.º 64/2014, de 11 de febrero, ECLI:ES:TS:2014:477):

- El cooperador debe conocer la intención del autor de cometer el delito.
- El cooperador debe tener la voluntad de contribuir al delito o facilitar conscientemente la realización del delito.

Cabe también (y en las mismas condiciones que en la inducción) el dolo eventual.

Para diferenciar entre cooperador necesario y coautor, es necesario hacer hincapié en el dominio del hecho. Así, el que hace una aportación decisiva para la comisión del delito en el ámbito de la preparación, sin participar luego directamente en la ejecución, no tiene, en principio, el dominio del hecho, pues en la fase ejecutiva, la comisión del delito ya está fuera de sus manos. Consecuentemente si la aportación necesaria se ha producido en la etapa de preparación, el agente que realiza una aportación necesaria será un partícipe necesario, pero no coautor.

CUESTIÓN

¿Cabe la cooperación necesaria en un caso de falsificación de tarjetas de crédito y estafa?

La sentencia del Tribunal Supremo n.º 836/2016, de 4 de noviembre, ECLI:ES:TS:2016:4773, analiza si una persona que no participa directamente en la elaboración física de una tarjeta bancaria falsificada, pero presta su fotografía y estampa su firma, puede ser considerada cooperador necesario en el delito de falsificación. En este caso, el acusado utilizó una tarjeta de crédito falsa a nombre de otra persona para comprar un teléfono móvil, identificándose con un documento falsificado que contenía su propia imagen y firma. Alegaba que no podía ser autor del delito porque no había confeccionado la tarjeta, ni aportado datos de filiación o imagen para su creación. Sin embargo, el Tribunal Supremo concluye que sí hay cooperación necesaria, ya que su participación fue esencial para que la falsificación funcionara, permitiendo vincular visualmente la tarjeta con el documento de identidad falso. Su imagen y firma hicieron posible que la tarjeta pudiera ser utilizada eficazmente, lo cual constituye una aportación indispensable. Así, se refuerza la idea de que en la cooperación necesaria no se requiere ejecutar el núcleo del tipo, sino realizar una contribución objetiva y decisiva que haga posible su ejecución.

La participación en el hecho delictivo

A diferencia de la autoría, los/las partícipes no ejecutan el hecho delictivo o el núcleo del tipo penal, no tienen dominio del hecho, pero colaboran en su realización y, por ende, su responsabilidad depende de la del autor.

Las principales teorías acerca de la participación ponen de relieve la influencia del partícipe en el hecho. Podemos distinguir:

1. La **teoría de la corrupción**: se fundamenta en la necesidad de imponer pena al partícipe en que corrompe al autor.

2. La **teoría del favorecimiento**: también conocida como la teoría de la participación en el ilícito, es la dominante en la doctrina. La base de la punción está, en este caso, en que el partícipe ha colaborado en el ataque que realiza el autor, ha contribuido o favorecido la realización del tipo por el autor, no infringiendo un tipo legal de la parte especial sino las normas de la parte general que le prohíben intervenir en un hecho prohibido.

3. La **teoría pura de la causación**: considera que el partícipe realiza su propio tipo del injusto. Al eliminar el principio de accesoriedad, la participación abandona su puesto en la parte general y se convierte exclusivamente en un problema de la parte especial, de modo que al lado de delitos de autor existirían delitos autónomos de partícipe, quebrándose así la función y garantías de la tipicidad.

Por otro lado, el **principio de la accesoriedad de la participación** sostiene que para que pueda hablarse de participación es indispensable que se dé un hecho principal, que es el que realizará el autor. Esto es así porque participar es intervenir en un hecho ajeno.

Aunque existe consenso en lo referente la naturaleza accesoria de la participación, desde la estructura o elementos del delito habrá que perfilar el **grado de accesoriedad**, y así se habla de:

- Accesoriedad mínima: para castigar al partícipe basta que el autor realice un hecho típico.
- Accesoriedad limitada: la sanción del partícipe exige que el hecho del autor sea típico y antijurídico.
- Accesoriedad máxima: el hecho principal tiene que ser típico, antijurídico y culpable.
- Hiperaccesoriedad: para la punición del partícipe el autor tiene que ser castigado con una pena (tipicidad, antijuridicidad, culpabilidad y punibilidad).

La mayor parte de la doctrina, así como la jurisprudencia y también el Código Penal, optan por el criterio de la **accesoriedad limitada**; es por ello, que no se castiga al que induce a otro a defenderse de una agresión ilegítima, y sí se castiga la participación en un hecho típicamente antijurídico ejecutado por un autor no culpable.

Además del principio de accesoriedad, hay que hacer referencia al **principio de unidad del título de imputación**. Este principio significa que a pesar de la pluralidad de intervinientes (autores y partícipes), se mantendrá la unidad del delito, esto es, que es el mismo para todo.

2.1. Autoría y participación en el delito de lesiones

Configuración de la autoría y la participación en el delito de lesiones

Tal y como se ha tratado en el punto relativo a la autoría y participación en los delitos, la **autoría** se está refiriendo a los sujetos que participan en el delito de forma directa, lo coejecutan o se valen de otro como instrumento de ejecución (autoría mediata). También serán autores quienes induzcan o cooperen necesariamente en la ejecución. La inducción implica provocar en otro la decisión de delinquir y la cooperación necesaria supone una ayuda imprescindible.

En cambio, la **participación** hace referencia a los sujetos que colaboran en los hechos, sin llegar a ejecutarlos autónomamente. Serán responsables si los actos del autor son típicos y antijurídicos.

Cabe destacar el supuesto analizado por la sentencia del Tribunal Supremo n.º 687/2018, de 20 de diciembre, ECLI:ES:TS:2018:4359, la cual resuelve los recursos de casación interpuestos por los demandados contra su condena como autores de tentativa de homicidio. Los acusados participaron en una agresión conjunta contra la víctima, propinándole puñetazos y patadas, mientras que uno de ellos asestó heridas con un cuchillo, una de las cuales, en el cuello, pudo causar la muerte de no haber mediado pronta asistencia médica. El tribunal revisa los hechos probados y concluye que no concurre en los acusados el dolo homicida imprescindible para condenarlos por tentativa de homicidio (salvo en el caso del sujeto que utilizó el cuchillo, autor material de la herida potencialmente mortal). Así pues, analiza la coautoría, determinando que no existen elementos objetivos que permitan afirmar que el resto de los acusados previeran y asumieran la alta probabilidad de un resultado mortal. Aun con todo, sí se considera probado que los acusados participaron activamente en la agresión conjunta y que, gracias a su intervención, contribuyeron a realizar el tipo penal de lesiones agravadas. Destaca el tribunal que «*no es preciso concretar qué acto realizó cada partícipe*» sino que basta la intervención activa y solidaria en los hechos para atribuir responsabilidad penal en régimen de coautoría. Así pues, absuelve a los sujetos de tentativa de homicidio y los condena por un delito de lesiones agravadas.

Otro supuesto relevante es el tratado en la sentencia del Tribunal Supremo n.º 597/2017, de 24 de julio, ECLI:ES:TS:2017:3190, la cual confirma en casación la condena por delitos de tentativa de homicidio y lesiones con instrumento peligrosos, derivada de una reyerta entre dos familias. Se considera probado que, durante la pelea, ambos grupos familiares utilizaron armas (bates de béisbol, objetos punzantes y una azada). Se produjeron lesiones relevantes y el tribunal confirma la aplicación del delito de lesiones fundamentada en la coautoría por dominio funcional del hecho. Al tratarse de una agresión en grupo con una clara distinción de los bandos enfrentados, **no es necesario individualizar la conducta concreta de cada interviniente**. «*Cada coautor, sobre la base del acuerdo previo o simultáneo, tácito o expreso, tiene el dominio funcional del hecho*», así pues, son todos responsables de la totalidad de la acción delictiva, aunque su acción concreta no constituya una ejecución directa de cada acción lesiva. Por ende, todos los que participan activamente en la agresión organizada, responden penalmente como coautores de las lesiones causadas.

2.2. Los actos preparatorios: conspiración, proposición y provocación

La punibilidad de los actos preparatorios

Para situar adecuadamente las figuras de la **provocación, la conspiración y la proposición** en el delito de lesiones, es necesario traer a colación el concepto general del *iter criminis* o «camino del delito». Este término, de origen doctrinal, describe el proceso que sigue toda conducta delictiva desde que se gesta en la mente del delincuente hasta su consumación. Aunque nuestro

Código Penal no lo regula expresamente, es necesario su estudio para poder delimitar con precisión la línea que marca el momento en el que la acción del sujeto adquiere relevancia penal y, por ende, podrá ser sancionada.

El *iter criminis* se estructura en dos fases diferenciadas: la **fase interna** (se desarrolla plenamente en el plano psíquico, por lo que carece de relevancia para el Derecho penal) y la **fase externa**, donde la voluntad del autor se manifiesta a través de actos preparatorios y actos ejecutivos. El legislador ha considerado que, excepcionalmente y cuando así lo establezca la legislación, serán los actos preparatorios punibles, ya que generan un riesgo suficiente para los bienes jurídicos que protejan, anticipando de este modo la punición a los momentos previos de la ejecución.

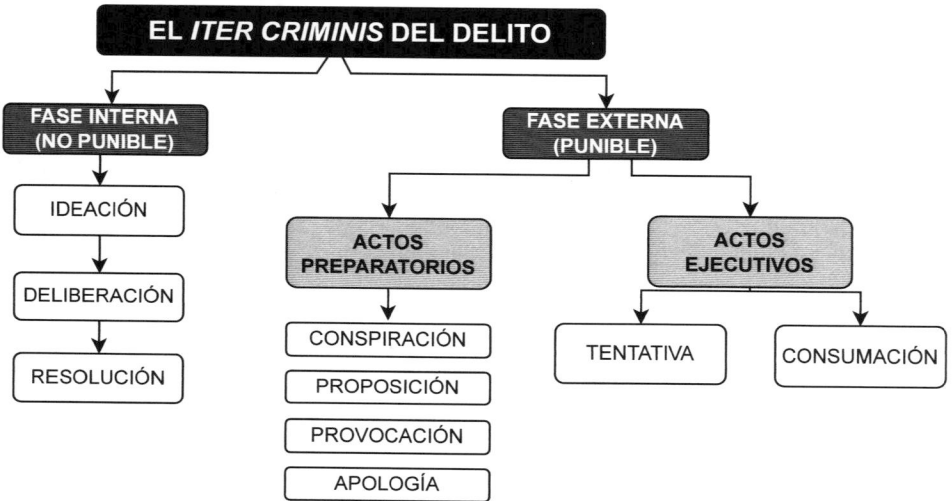

Así pues, el artículo 17 del Código Penal tipifica la conspiración y la proposición, y el artículo 18 del Código Penal tipifica la provocación. Estas tres figuras constituyen formas imperfectas de la exteriorización del delito, situándose en el límite entre la ideación y la ejecución, y cuya punición responde a la necesidad de proteger anticipadamente el bien jurídico protegido.

En el caso del **delito de lesiones**, el artículo 151 del Código Penal establece expresamente que «*La provocación, la conspiración y la proposición para cometer los delitos previos en los artículos precedentes de este Título, será castigada con la pena inferior en uno o dos grados a la del delito correspondiente*».

La conspiración en el delito de lesiones

La conspiración, como decimos, viene regulada en el apartado 1 del artículo 17 del Código Penal, de la siguiente forma: «*La conspiración existe cuando dos o más personas se conciertan para la ejecución de un delito y resuelven ejecutarlo*». Se trata, por tanto, de una **fase anterior a la ejecución**, en la que el autor aún no ha iniciado los actos típicos del delito, pero sí ha exteriorizado la resolución delictiva concertada con otros.

De acuerdo con la jurisprudencia (STS n.º 234/2012, de 16 de marzo, ECLI:ES:TS:2012:2305), para determinar que existe conspiración deben constar los siguientes **requisitos**:

1. *Pactum sceleris*. Debe existir un concierto de voluntades reales, concreto y serio, no siendo suficiente las simples conversaciones o expresión de deseos genéricos.

2. **Resolución conjunta y firme** de cometer el delito de lesiones. El acuerdo debe de traducirse en una decisión efectiva de realizar el delito, no siendo suficiente la mera deliberación.

3. **Ausencia de actos ejecutivos**. En el caso de que dé comienzo la ejecución, el tipo penal pasará a ser tentativa o consumación.

4. **Dolo directo**. Orientado a la realización de un delito concreto. Los conspiradores deben de conocer y asumir voluntariamente los elementos del delito que proyectan.

Cabe resaltar que la jurisprudencia de nuestro Alto Tribunal ha denominado a la conspiración como forma singular de **coautoría anticipada**. La sentencia del Tribunal Supremo n.º 847/2017, de 9 de marzo, ECLI:ES:TS:2017:847, señala en relación a la conspiración que «*Nos hallamos, pues, ante la denominada «coautoría anticipada», en la que se prevé la intervención de todos los conspiradores en la realización material del hecho delictivo, sea cual fuere el cometido o la parte del plan acordado que les toque ejecutar en el futuro a cada uno de los concertados*». Igualmente, la STS n.º 321/2007, de 20 de abril, ECLI:ES:TS:2007:2753, lo expresa de esta forma: «*(...) la conspiración pertenece a una fase del iter criminis anterior a la ejecución, por lo que tiene -hasta cierto punto- naturaleza de acto preparatorio, y se ubica entre la ideación impune y las formas imperfectas de ejecución, como una especie de coautoría anticipada que determinados autores desplazan hacia el área de la incriminación excepcional de algunas resoluciones manifestadas, pero que, en todo caso, se caracteriza por la conjunción del pactum scaeleris o convenio previo, y la resolución firme o decisión seria de ejecución*».

Por último, cabe destacar el fragmento de la ya mencionada STS n.º 234/2012, de 16 de marzo, ECLI:ES:TS:2012:2305, en donde se justifica la **punición excepcional** de la conspiración, que debe de entenderse desde la óptica del principio de intervención mínima del Derecho penal:

> «Nadie cuestiona –decíamos en la STS 120/2009, de 9 de febrero– que el derecho penal no puede sancionar todo peligro de afección de un bien jurídico cuando aquél se muestra todavía lejano o poco intenso. Con la imaginación podrían haberse cometido todos los delitos. De ahí que sólo la verdadera energía delictiva justifica la intervención del derecho penal. Conforme a esta idea, **el CP sólo sanciona determinados actos preparatorios o pre-ejecutivos que, en realidad, son resoluciones manifestadas para delinquir**».

Por tanto, en relación con el delito de lesiones, la conspiración será punible siempre que el acuerdo de los conspiradores se dirija a causar un daño físico y concreto a otra u otras personas, cumpliéndose los requisitos de resolución firme y ausencia de actos ejecutivos. Siempre se interpretará de forma restrictiva la punición de estas conductas, reservándola a los casos en que el acuerdo represente un peligro real y concreto para la integridad física o psíquica de la víctima.

CUESTIÓN

¿Cabe apreciar desistimiento en la conspiración?

La sentencia del Tribunal Supremo n.º 217/2022, de 9 de marzo, ECLI:ES:TS:2022:972, recuerda que el desistimiento en las formas preparatorias, como es la conspiración, no viene regulada explícitamente en el Código Penal, pero jurisprudencialmente se puede aplicar por analogía la regulación del apartado 3 del artículo 16 del Código Penal, referente al desistimiento de la tentativa. De esta forma, al entenderse que la conspiración se consuma con el simple acuerdo de voluntades para cometer un delito, generando ya un peligro para el bien jurídico protegido, no será suficiente la simple decisión interna de alguno de los conspiradores de no llevar a cabo la ejecución para considerar producido el desistimiento a efectos penales. A mayores, el desistimiento penalmente relevante exige actuaciones externas e inequívocas para neutralizar su contribución al plan efectivo, e intentar de forma seria que el resto de los/las partícipes tampoco prosigan con el delito (siguiendo la lógica del artículo 16 sobre coautoría).

En el caso que analiza la sentencia, se resuelve un recurso de casación interpuesto por uno de los condenados por delito continuado de revelación de secretos de carácter personal cometido por funcionario público y un delito de conspiración para cometer estafa. Se consideran hechos probados que entre noviembre y diciembre de 2014 el condenado, funcionario policial, accedió ilícitamente a bases de datos policiales para obtener información personal sobre un hombre y una mujer, a instancia de otro acusado, con la finalidad de extorsionar al hombre exigiendo dinero a cambio de «protección policial». Después, no consta que los acusados llegaran a reunirse con el hombre para ejecutar dicha extorsión. El condenado recurre alegando la existencia de desistimiento, ya que no se habría comenzado la ejecución del delito proyectado y, en ausencia de causas externas, debería interpretarse la no ejecución como desistimiento voluntario. El tribunal entiende que no constan hechos probados de ninguna acción dirigida a neutralizar la protección del recurrente ni un intento de evitar que el delito se ejecutara por el otro acusado. Tampoco queda acreditado el abandono definitivo del plan criminal. Así pues, la falta de ejecución de la extorsión por sí sola no constituye desistimiento.

La proposición del delito de lesiones

La proposición viene regulada en el apartado dos del artículo 17 del Código Penal de la siguiente manera: «*La proposición existe cuando el que ha resuelto cometer un delito invita a otra u otras personas a participar en él*». Por tanto, es esta una fase anterior a la ejecución del delito, en la que el autor, ya decidido a delinquir, exterioriza su voluntad incitando a otros a unirse a su plan.

De acuerdo con la jurisprudencia (STS n.º 308/2014, de 24 de marzo, ECLI:ES:TS:2014:1450), son **requisitos** para apreciar la proposición:

1. **Propuesta o invitación a una tercera persona.** Dicha invitación debe ser concreta, seria y eficaz, no siendo suficiente una mera insinuación o comentario. Además, el destinatario de la propuesta no debe haber decidido previamente por sí mismo ejecutar el delito.

2. **Concreción del delito.** La propuesta debe referirse a un delito concreto, definido y posible de ejecutar. Además, la propuesta debe ser seria, eficaz y convincente, capaz de generar un peligro real para el bien jurídico protegido.

3. **Idoneidad del proponente.** El sujeto debe haber adoptado una resolución delictiva previa a la proposición. Aun con todo, es indiferente si este termina participando o no en la ejecución del delito ya que, puede pedir a los terceros que ejecuten los hechos en su compañía o en su sustitución.

4. **Idoneidad de los invitados.** No será necesario que acepten la propuesta para que exista proposición, pero deben ser capaces de poder realizar el delito proyectado.

5. **Ausencia de actos ejecutivos.** En este caso la conducta se consideraría tentativa o delito consumado, pudiendo el proponente responder como inductor o coautor.

En realidad, la proposición es una **inducción frustrada**, ya que en el caso de que se aceptase la invitación y actuase el inducido, estaríamos pues ante este otro tipo penal. La inducción exige una relación causal y eficaz entre la incitación y la conducta del inducido. En cambio, en la proposición, esta queda sin efecto, permaneciendo en el terreno de los actos preparatorios.

Cabe distinguir la proposición de la conspiración, en el sentido de que esta última es bilateral o plurilateral, en cambio, la proposición será unilateral. Si la proposición es aceptada puede transformarse en conspiración.

En relación con el delito de lesiones, la proposición se configura cuando una persona, habiendo decidido causar daño físico o psíquico a otra, invita a una o varias personas a participar en dicha agresión. El Código Penal permite su punición, entendiendo que manifiesta un indicio de peligrosidad criminal, siempre que la invitación sea seria, concreta y revele un riesgo real para la integridad de la víctima.

La provocación en el delito de lesiones

La provocación viene regulada en el apartado 1 del artículo 18 del Código Penal, el cual establece: «*La provocación existe cuando directamente se incita por medio de la imprenta, la radiodifusión o cualquier otro medio de eficacia semejante, que facilite la publicidad, o ante una concurrencia de personas, a la perpetración de un delito. (...) Si a la provocación hubiese seguido la perpetración del delito, se castigará como inducción*». En relación con el delito de lesiones, constituirá provocación cuando se incite de forma pública y directa a la comisión de un delito de lesiones. Debe de implicar la conducta una incitación intensa y pública, dirigida a un grupo indeterminado de personas, para que causen un daño físico a terceros. El riesgo para el bien jurídico protegido surge precisamente de la difusión pública del estímulo delictivo, por lo que no se requiere que el provocador tenga la intención de cometer directamente el delito, ni tampoco que controle a los destinatarios del mensaje.

La doctrina consolidada por la sentencia del Tribunal Supremo n.º 259/2011, de 12 de abril, ECLI:ES:TS:2011:3386, establece como **requisitos** definidores del delito de provocación:

- Iniciativa para la ejecución de hechos delictivos concretos. No es suficiente la mera alusión difusa o genérica.
- Percepción efectiva del mensaje por parte del destinatario.
- Capacidad persuasiva del mensaje.
- Incitación directa y pública. A través de medios que faciliten la publicidad o ante concurrencia de personas.
- Determinación y concreción mínima de los hechos a los que se incita (para que estos puedan ser identificados y valorados jurídicamente como delito).

La provocación puede generar un **peligro abstracto** para el bien jurídico protegido, ya que no es necesario que la incitación sea seguida por la comisión efectiva del delito. Sin embargo, si la provocación da lugar a que alguno de los receptores lleve a cabo el delito, el provocador responderá por inducción, conforme al apartado 2 del artículo 18 del Código Penal.

En conclusión, la provocación en el delito de lesiones representa una forma de anticipación punitiva dirigida a proteger el bien jurídico frente al riesgo que supone la incitación pública y directa a causar daño físico, sancionando así conductas que, aunque no llegan a consumar el delito, evidencian una voluntad clara de fomentar su comisión.

Distinción de los actos preparatorios del delito frente a los actos ejecutivos

En el análisis del delito resulta fundamental, como se ha dicho con anterioridad, diferenciar con precisión los actos preparatorios de los actos ejecutorios, ya que esta distinción implica marcar el límite entre la impunidad y la sanción penal. Tal y como señala la jurisprudencia reflejada en la sentencia del Tribunal Supremo n.º 428/2016, de 19 de mayo, ECLI:ES:TS:2016:2273, *«es necesario dar respuesta a cerca de cuándo puede afirmarse verdaderamente que un determinado acto ya está dando principio a la ejecución de lo resuelto»*.

Cabe recordar de nuevo que, los actos preparatorios, por regla general, son impunes, salvo en los casos expresamente previstos en la ley. Al contrario, en la fase ejecutiva regirá siempre el principio de punición.

Así pues, para determinar el momento en el que un acto preparatorio se convierte en ejecutorio, la jurisprudencia combina criterios objetivos y subjetivos. No basta el mero dolo del autor, pues *«(...) afirmar que el fundamento del castigo de la tentativa hay que encontrarlo en la intención del agente (...) conduce a una degradación inadmisible de lo que real y objetivamente ha sido realizado»*. Por otro lado, tampoco es suficiente el riesgo objetivo sin valorar el contenido y finalidad de la acción, ya que esto podría sancionar conductas sin el debido desvalor penal.

Por todo esto, la jurisprudencia ha adoptado una postura mixta, basada en los siguientes **requisitos**:

1. **Univocidad**. Los actores exteriores deben ser reveladores, de modo claro, de la voluntad de delinquir.

2. **Proximidad espaciotemporal**. La acción debe estar próxima a la consumación del delito en el plan del autor.

3. **Peligro inminente para el bien jurídico protegido**. La acción unívoca y próxima debe ser tal que su continuación natural conduzca a la consumación del delito. Tal y como expresa la sentencia anteriormente mencionada: «*(...) si esa acción continúa (no se interrumpe) el delito va a ser consumado. Es entonces cuando puede decirse que ya hay un peligro para el bien jurídico protegido en la norma penal*».

A mayores, se establece una **doble pauta metodológica** que orienta la calificación del acto:

• **Plano material**. Debe existir una relación inmediata entre el acto y el bien jurídico protegido.

• **Plano formal**. La acción debe incidir sobre el núcleo del tipo, sobre el verbo rector que define la conducta típica.

En definitiva, lo decisivo para diferenciar los actos de preparación de los actos de ejecución es analizar de forma conjunta el plan del autor, la proximidad del resultado y el contenido objetivo de la acción. El comportamiento del autor debe estar tan estrechamente vinculado con la acción típica que, de no interrumpirse, conduzca de manera inmediata a la consumación del delito. Solo entonces podrá afirmarse que ha comenzado la ejecución y, por tanto, que existe un peligro jurídicamente relevante para el bien jurídico protegido.

3.
TENTATIVA Y DESISTIMIENTO EN EL DELITO DE LESIONES

Delito de lesiones no consumado

El delito de lesiones, regulado por los artículos 147 del Código Penal y siguientes, se configura como un **delito de resultado**, es decir, que para entenderlo consumado es necesario que se produzca un daño o efecto externo distinto de la conducta del autor, que puede ser material (por ejemplo, una fractura, un corte o un hematoma) o ideal (por ejemplo, el daño moral o el sufrimiento psíquico).

Así pues, para que el delito de lesiones se consuma, debe producirse una afectación efectiva a la integridad corporal o a la salud física o psíquica del sujeto pasivo. Por tanto, existirá tentativa o desistimiento si este resultado típico no se produce. Estas formas imperfectas de ejecución vienen reguladas en el artículo 16 del Código Penal.

|| La tentativa en el delito de lesiones

La tentativa en el delito de lesiones se produce cuando el sujeto activo inicia la ejecución del hecho antijurídico dirigido a causar un daño físico o psíquico a otro, pero por causas ajenas a su voluntad no logra consumar la lesión. Aunque el delito de lesiones es de resultado, el ordenamiento jurídico castiga la tentativa como actos ejecutivos del *iter criminis*, ya que se evidencia la intención delictiva aun sin llegar a producir el resultado lesivo. Existen también diferentes tipos de tentativa (acabada o inacabada e idónea o inidónea).

Cabe resaltar la sentencia del Tribunal Supremo n.º 597/2017, de 24 de julio, ECLI:ES:TS:2017:3190, en la cual se establecen los **criterios** para determinar la tentativa: el peligro inherente al intento y el grado de ejecución alcanzado. De esta manera se permite al juez una mayor flexibilidad para imponer la pena inferior en uno o dos grados, sea cual sea la modalidad de la tentativa, conforme al artículo 62 del Código Penal.

En resumen, la tentativa en el delito de lesiones protege el bien jurídico desde que la acción supera el mero plano mental y se pretende llevar a cabo.

Es destacable el caso que resuelve la sentencia de la Audiencia Provincial de Barcelona n.º 48/2020, de 30 de marzo, ECLI:ES:APB:2020:4075, ya que trata el supuesto en el que el sujeto activo es condenado como autor del delito leve de lesiones en grado de tentativa por sacar una navaja, acercándose a la víctima con ella, pero siendo finalmente impedido por un tercero. Así pues, argumenta la sentencia que: «*El delito de lesiones es un delito de resultado, que permite las formas imperfectas de ejecución, al menos en algunos supuestos*». Y añade: «*Será preciso acreditar la concurrencia de los requisitos exigidos para el delito consumado excepto el resultado, que, por definición, no ha sido alcanzado*». La defensa argumentaba que el hecho de portar una navaja, sin haberla esgrimido ni iniciado agresión material, no basta para considerar que se había comenzado la ejecución del delito, lo cual desestima la audiencia ya que «*(...) los hechos probados narran una voluntad de lesionar al perjudicado (...), narrando cómo dio principio a la acción desde el punto de vista que sacó la navaja y se fue acercando al perjudicado, hasta que un tercero lo impidió. (...) la sentencia no concluye a qué altura estaba exhibiendo el cuchillo. Se dirigía con el cuchillo hacia el perjudicado, puede ser a cualquier altura, obviamente si el cuchillo iba dirigido hacia el cuello o hacia el pecho podríamos hablar de tentativa de otro delito*». Así pues, la AP de Barcelona entiende que se cumplen los presupuestos legales para apreciar la tentativa, confirmando íntegramente la sentencia de instancia.

Otro ejemplo es el recogido, también por la AP de Barcelona, en sentencia n.º 572/2020, de 26 de octubre, ECLI:ES:APB:2020:1102, ya que se atiende un caso en el que una pareja discute y forcejea y, una vez separados, la mujer lanza una botella de vidrio en dirección al hombre, sin llegar a impactarle. En primera instancia la mujer es condenada por un delito leve de lesiones en grado de tentativa. La sentencia de la AP confirma la condena ya que sostiene que el requisito principal de la tentativa es que la acción realizada (lanzar la botella de vidrio) estuvo dirigida objetivamente a lesionar a la víctima, aunque el resultado no se produjera por causas ajenas a la voluntad de la autora. La valoración de la prueba acredita la intención lesiva de aquella. Así pues, el tribunal considera acreditada la existencia de dolo en la conducta de la acusada, reafirmando la condena de tentativa de lesión.

‖ El desistimiento en el delito de lesiones

El desistimiento en el delito de lesiones es una forma de exención de la responsabilidad penal producida cuando el sujeto activo del delito intenta cometerlo, pero decide voluntariamente no consumarlo, cesando libremente de su intención de lesionar a la víctima, o cuando, tras haber causado un daño inicial, realiza actos eficaces para impedir la consumación del resultado típico (por ejemplo, prestar asistencia médica inmediata para impedir la lesión prevista).

La jurisprudencia distingue dos tipos de desistimiento: el desistimiento **pasivo** (por ejemplo, si el sujeto activo levanta el cuchillo para clavarlo a la víctima, pero detiene voluntariamente su conducta) y el desistimiento **activo** (por ejemplo, si el sujeto activo empuja fuertemente a la víctima y al ver que caerá por las escaleras reacciona de inmediato, evitando la caída). Es decir, en el desistimiento pasivo, el actor interrumpe la acción antes de que el resultado pueda producirse; en el activo, el actor impide eficazmente el resultado, aunque ya haya ejecutado toda la acción.

Los **requisitos** para apreciar el desistimiento, conforme a la doctrina del Tribunal Supremo (SSTS n.º 520/2013, de 19 de junio, ECLI:ES:TS:2013:3255 y n.º 637/2019, de 19 de diciembre, ECLI:ES:TS:2019:4251, entre otras), son los siguientes:

1. Ese desistimiento debe ser voluntario.
2. Debe ser definitivo (no puede ser un mero aplazamiento).
3. Y debe tratarse de una actividad eficaz para evitar el resultado.

CUESTIONES

1. ¿Se puede apreciar desistimiento si tras prender fuego a la víctima voluntariamente se apagan las llamas?

La sentencia del Tribunal Supremo n.º 823/2017, de 3 de noviembre, ECLI:ES:TS:2016:4771, resuelve el recurso de casación interpuesto por el condenado como autor de un delito de asesinato en grado de tentativa, por prender fuego a su pareja mientras dormía causándole graves quemaduras. El tribunal tras analizar el caso, estima que existió desistimiento activo del condenado, pues este, tras prender fuego a la víctima, actuó libre y eficazmente para apagar las llamas, impidiendo la consumación del delito de asesinato. Así pues, se aplica la excusa absolutoria del desistimiento voluntario del apartado 2 del artículo 16 del Código Penal. Además, el Tribunal Supremo recalifica los hechos como un delito de lesiones con grave deformidad.

2. ¿Existe desistimiento si solo se atropella una vez a la víctima y no en reiteradas ocasiones?

La sentencia del Tribunal Supremo n.º 520/2013, de 19 de junio, ECLI:ES:TS:2013:3255, resuelve el recurso de casación interpuesto por el condenado por delito de lesiones y amenazas resultantes de embestir con su coche a su expareja. En este caso, el desistimiento juega un papel de especial relevancia como eximente en la calificación jurídica de los hechos como tentativa de asesinato, así lo expone el tribunal: «*La jurisprudencia de esta Sala (...) reconoce que en los delitos contra la vida el desistimiento tiene como consecuencia que lo que era calificado con la legislación anterior como delito de homicidio o asesinato en grado de tentativa, ahora se califica como delito de lesiones consumadas, aunque el dolo inicial del agente fuese homicida.(...) aun cuando se estimase que en la agresión inicial hubo ánimo de matar (...), habría de apreciarse un desistimiento pasivo que nos llevaría a las mismas consecuencias. En efecto, el relato fáctico señala que, después del primer atropello, de resultados escasamente lesivos para la víctima, el acusado 'dio marcha atrás a su coche y nuevamente hacia adelante con intención de abordarla de nuevo', y la fundamentación jurídica completa este relato añadiendo que, atendiendo a las características del lugar, el acusado hubiera podido atropellar de nuevo a la víctima 'con consecuencias fatales si hubiera querido'*».

3. ¿Se considera desistimiento que un tercero aparte al actor de la víctima y el primero cese en su conducta delictiva?

La sentencia del Tribunal Supremo n.º 862/2023, de 22 de noviembre, ECLI:ES:TS:2023:5163, siguiendo los requisitos establecidos por la jurisprudencia, declara que en este tipo de supuesto nunca se apreciará desistimiento, ya que el cese no es una consecuencia inmediata y directa de la voluntad del sujeto activo, sino de la intervención de un tercero que generó un impedimento externo.

4.
CONCURSOS DE DELITOS

El concurso de delitos en caso de lesiones

El delito de lesiones, regulado por el artículo 147 del Código Penal y siguientes, puede concurrir en la práctica con otras figuras delictivas, dando lugar a las diferentes modalidades de concurso de delitos. Es de especial relevancia atender al concurso de tres supuestos en concreto: el concurso entre lesiones dolosas e imprudentes, el concurso entre lesiones y el delito de violencia habitual en el ámbito familiar (apartado 2 del artículo 173 del Código Penal) y el concurso de lesiones y delito de detención ilegal (artículo 163 del Código Penal).

Previamente, debemos recordar que el **concurso de delitos** se da en el momento en que una misma persona comete varias infracciones penales, que deben ser objeto de enjuiciamiento conjunto. El concurso viene regulado en el artículo 73 del Código Penal y siguientes, pudiendo diferenciar tres tipos:

- Concurso **real**. Se produce cuando varias acciones producen varios delitos, aunque guarden relación entre sí. Se impondrán todas las penas correspondientes a cada delito cometido y se ejecutarán sucesivamente. Por ejemplo, el sujeto activo golpea a dos personas en la cara en momentos distintos, causándoles lesiones a ambas.

- Concurso **ideal**. Se produce cuando una sola acción infringe o afecta a varios preceptos penales o afecta a distintos bienes jurídicos. Se impondrá la pena correspondiente a la infracción más grave, que podrá ser aumentada por el tribunal en uno o dos grados si lo considera necesario. Por ejemplo, el sujeto activo golpea a la víctima y, además, en el mismo acto, la amenaza.

- Concurso **medial** o instrumental. Se produce cuando un delito cometido es el medio necesario para cometer otro u otros delitos. Se podrá imponer la pena del delito más grave en su mitad superior, pudiendo aumentarla en uno o dos grados. Por ejemplo, detener ilegalmente a una persona con el fin de agredirla.

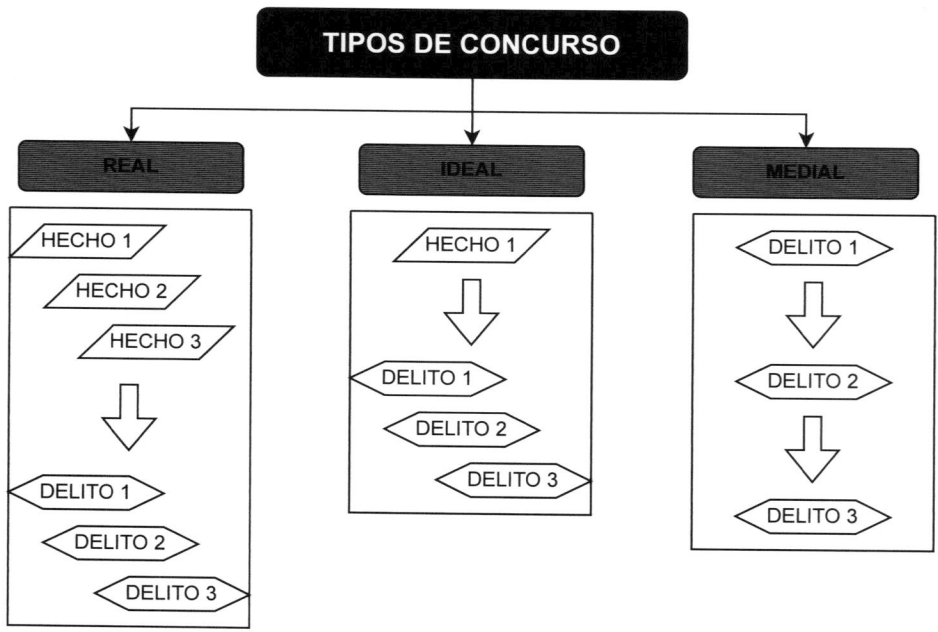

Concurso de lesiones dolosas y lesiones imprudentes

En este concurso en una misma acción concurre, por un lado, el elemento subjetivo del dolo de la acción agresora y su resultado típico, habitual o esperado; y el elemento subjetivo de la imprudencia del resultado atípico, infrecuente o inhabitual de la acción agresora.

Cabe destacar, a modo de ejemplo, la sentencia del Tribunal Supremo n.º 464/2023, de 31 de mayo, ECLI:ES:TS:2016:2584, la cual resuelve el recurso de casación interpuesto por la acusación particular contra la sentencia que condenó al demandado por un delito de lesiones. Se consideran hechos probados que el acusado, en el interior de una discoteca, lanzó un botellín de cristal al rostro de la víctima, impactando en su ojo izquierdo y provocando la pérdida del mismo. Así pues, se condena al actor por un delito de lesiones dolosas en concurso ideal con un delito de lesiones imprudentes. La acusación particular recurre solicitando la calificación de los hechos como delito doloso de lesiones graves exclusivamente. El Tribunal Supremo desestima el recurso, ratificando la calificación de la instancia y la aplicación del concurso ideal entre delito doloso y delito imprudente, ya que entiende que, aunque lanzar un objeto al rostro supone un riesgo grave (conducta dolosa), la pérdida del ojo es un resultado imprevisible y excepcional, siendo atribuible a una imprudencia grave, no al dolo eventual. En su fundamentación, destaca el tribunal, que el número de casos en los que el lanzamiento de objetos de cristal provoca la pérdida de un ojo es muy reducido, incluso en contextos de violencia. Además, la botella carecía de bordes cortantes y su fractura era difícil, lo que disminuye la previsibilidad del grave daño ocasionado. En cambio, en casos en lo que el golpe se produce de forma directa y con fuerza suficiente como para romper el objeto sobre el rostro de la víctima, se ha entendido que el resultado (pérdida de visión) es previsible y, por tanto, atribuible a un dolo directo o eventual, sin que quepa apreciar imprudencia.

Así pues, tal y como expone la STS n.º 164/2012, de 3 de marzo, ECLI:ES:TS:2012:1566, «(...) en los tipos penales que sancionan las lesiones dolosas, el dolo debe concurrir tanto en la acción de la que se deriva el resultado, como en el resultado mismo». Igualmente, establece que, conforme a la doctrina, se acepta el concurso ideal entre un delito doloso y otro imprudente cuando:

4. El autor crea dos riesgos: uno doloso y otro imprudente.

5. Cada riesgo genera un resultado distinto.

6. El exceso del resultado no previsto dolosamente se imputa por imprudencia grave o consciente.

Concurso de lesiones y violencia familiar

Este tipo de concursos se da en situaciones donde uno de los progenitores permanece pasivo frente a las agresiones físicas que su pareja ejerce de forma reiterada contra su hijo. Así pues, en este caso, se atribuye la responsabilidad por comisión por omisión, ya que se considera que debido a su inacción se facilita la consumación del delito.

Un ejemplo de este tipo de concursos se observa en la sentencia del Tribunal Supremo n.º 870/2014, de 18 de diciembre, ECLI:ES:TS:2014:5481, la cual resuelve un recurso de casación interpuesto por la condenada por delito de malos tratos habituales y un delito de lesiones sobre su hija menor de edad, en ambos casos por comisión por omisión ya que, los hechos probados demuestran que, aunque la condenada no agredió directamente a la menor, permitió que sufriese lesiones graves mientras estaba al cuidado de la pareja sentimental de la condenada. Así pues, el Tribunal Supremo confirma la existencia del concurso de delitos, respaldando que los delitos concurrieron valorándose de forma autónoma conforme a la jurisprudencia que distingue los bienes jurídicos protegidos por cada tipo.

Concurso de lesiones y detención ilegal

Este tipo de concurso suele ser de tipo medial, es decir, se cometen las lesiones con el fin de llevar a cabo una detención ilegal. Tal es el caso de la sentencia del Tribunal Supremo n.º 330/2016, de 20 de abril, ECLI:ES:TS:2016:1804, la cual resuelve el recurso de casación interpuesto por el condenado por dos delitos: el delito de lesiones causantes de deformidad y el delito de detención ilegal (ambos con agravante por parentesco). Se consideran hechos probados que el acusado y la víctima mantuvieron una relación de pareja terminada en diciembre de 2013. Tras terminar la relación, meses después, el acusado invita a comer a la víctima a su domicilio, reteniéndola contra su voluntad durante más de dos horas y, además, agrediéndola físicamente, causándole múltiples lesiones (fractura nasal, heridas, hematomas...). Así pues, el Tribunal Supremo entiende que existe un concurso medial de delitos, ya que «Se *produjeron unas lesiones que no constituían un fin en sí mismas, sino que tenían por objeto conseguir la retención contra su voluntad de la mujer, lo que se produjo durante más de dos horas, según se precisa en el factum. Ello, supone la estimación de un concurso medial de delitos entre las lesiones y la detención ilegal (...)».*

5.
CIRCUNSTANCIAS MODIFICATIVAS DE LA RESPONSABILIDAD PENAL EN EL DELITO DE LESIONES

Modulación de la pena en el delio de lesiones

En el delito de lesiones, regulado por el artículo 147 del Código Penal, pueden concurrir factores que influyan en la determinación concreta de la pena, es decir, las **circunstancias modificativas de la responsabilidad penal** pueden agravar o atenuar la respuesta punitiva del Estado.

Estas circunstancias vienen recogidas en el artículo 21 del Código Penal (circunstancias **atenuantes**), en el artículo 22 del Código Penal (circunstancias **agravantes**) y en el artículo 23 del Código Penal (circunstancias **mixtas**) y permiten al tribunal que conozca del caso ajustar la pena a la gravedad del hecho, conforme al principio de proporcionalidad y al principio de culpabilidad.

5.1. Agravantes

Circunstancias agravantes del delito lesiones

Las circunstancias agravantes en el delito de lesiones tienen la función de intensificar la responsabilidad penal del autor del delito, ya que dichas circunstancias revelan una mayor peligrosidad, perversidad o reprochabilidad en general en relación a la comisión del delito. Estas circunstancias vienen recogidas en el artículo 22 del Código Penal y, para el caso del delito de lesiones, cabe resaltar por su especial relevancia práctica la alevosía.

Es especialmente relevante llamar la atención a la hora de aplicar estas circunstancias modificativas de la responsabilidad penal, ya que en muchas ocasiones estas circunstancias, que podrían considerarse agravantes o atenuantes, forman parte del propio tipo penal o de sus subtipos específicos.

Por tanto, su aplicación debe de respetar siempre el principio fundamental del Derecho penal de *non bis in idem*, por el cual se prohíbe sancionar dos veces la misma circunstancia, evitando duplicidades punitivas injustificadas. Por ejemplo, en el delito de lesiones del artículo 148 del Código Penal se contempla como subtipo agravado el que se comete abusando de una situación de superioridad (apartado 3 del artículo). Ya que este elemento está previsto como parte del tipo penal agravado, no podría volver a aplicarse como una agravante genérica del apartado 2 del artículo 22 del Código Penal por el mismo hecho, ya que ello implicaría castigar dos veces la misma circunstancia, infringiendo el principio de *non bis in idem*.

|| Alevosía en el delito de lesiones

Esta circunstancia agravante viene recogida en el apartado 1 del artículo 22 del Código Penal, por el cual se establece que: «*Hay alevosía cuando el culpable comete cualquiera de los delitos contra las personas empleando en la ejecución medios, modos o formas que tiendan directamente o especialmente a asegurarla, sin el riesgo que para su persona pudiera proceder de la defensa por parte del ofendido*».

En el contexto del delito de lesiones, la aplicación de esta circunstancia agravante no será automática, sino que requiere de una especial perversidad o desprecio por la indefensión de la víctima, no siendo suficiente un simple ataque sorpresivo o rápido. Además, para poder aplicarse deben de concurrir tres **requisitos** (SSTS n.º 1429/2011, de 30 de diciembre, ECLI:ES:TS:2011:9339 y n.º 1385/2011, de 22 de diciembre, ECLI:ES:TS:2011:8848, entre otras):

1. Elemento **normativo**: el delito debe de ser contra las personas.

2. Elemento **objetivo**: la acción delictiva debe de ejecutarse aprovechando una situación que anule o limite gravemente la capacidad de defensa de la víctima.

3. Elemento **subjetivo**: el autor debe de actuar con pleno conocimiento y voluntad de asegurar la ejecución del delito mediante circunstancias alevosas.

4. **Antijuridicidad** reforzada: debe de existir una relación directa entre el medio empleado y la indefensión creada, para evitar precisamente el riesgo de defensa y blindarse frente a la reacción de la víctima.

Conforme a la sentencia del Tribunal Supremo n.º 520/2013, de 19 de junio, ECLI:ES:TS:2013:3255, la doctrina distingue tres tipos de **modalidades** de alevosía:

- **Proditoria o traicionera**: «*cuando se utiliza la emboscada o la trampa para acechar a la víctima*».

- **Sorpresiva**: «*cuando el ataque se efectúa en condiciones que sorprenden a la víctima*».

- **Desvalimiento**: el agredido por su desamparo (por ejemplo, niños, ancianos, inválidos, persona dormida o sin conciencia...) no se encuentra en situación de articular defensa.

Podemos citar como ejemplos típicos de alevosía en delitos de lesiones: las agresiones súbitas por la espalda, golpes a víctimas incapacitadas o ataques a personas dormidas.

CUESTIÓN

¿Debe considerarse la alevosía como una agravante genérica en casos de lesiones con medios peligrosos?

Tal y como dicta la jurisprudencia del Tribunal Supremo, la alevosía puede aplicarse conjuntamente con el subtipo agravado del delito de lesiones con medios peligrosos del apartado 1 del artículo 148 del Código Penal. Esto no supone una vulneración del principio de *non bis in idem,* conforme a la reiterada jurisprudencia del TS (SSTS n.º 418/2012, de 30 de mayo, ECLI:ES:TS:2012:3726, n.º 155/2005, de 15 de febrero, ECLI:ES:TS:2005:854, n.º 1348/2009, de 30 de diciembre, ECLI:ES:TS:2009:8418, n.º 728/2010, de 22 de julio, ECLI:ES:TS:2010:4372 y n.º 246/2011, de 14 de abril, ECLI:ES:TS:2011:2039, entre otras), ya que la esencia del apartado 1 del artículo 148 del Código Penal radica en el medio utilizado y en el riesgo que dicho medio comporta. En cambio, la alevosía se refiere al modo de ejecución del hecho, aprovechando deliberadamente una situación de indefensión de la víctima para asegurar la ejecución de la acción, sin peligro para el autor. Así pues, ambas circunstancias pueden concurrir en un mismo hecho ya que sus fundamentos son diferentes. A mayores, el Alto Tribunal concluye que la alevosía debe operar como agravante genérica cuando no sea constitutiva del subtipo específico, para así preservar su eficacia punitiva dentro del sistema penal.

Dentro de la alevosía, cabe hacer especial referencia al **uso de vehículos como instrumentos.** En la sentencia del Tribunal Supremo n.º 520/2013, de 19 de junio, ECLI:ES:TS:2013:3255, se trata el caso basado en los hechos consistentes en el atropello deliberado, con un vehículo, del autor a la víctima, a quien previamente había estado amenazando. En este caso se aprecia alevosía en el delito de lesiones ya que el autor atacó a la víctima de forma sorpresiva, sin que esta última pudiera prever ni evitar el golpe (ya que la arrolló mientras ella estaba de espaldas). Esta agravante se aplica junto con el uso de medio peligroso.

5.2. Atenuantes

Circunstancias atenuantes del delito de lesiones

Las circunstancias atenuantes tienen la función de reducir la pena aplicable en atención al grado de culpabilidad, la situación personal del autor o su comportamiento posterior al delito. Estas circunstancias vienen recogidas en el artículo 21 del Código Penal, y pueden concurrir como atenuantes ordinarias o como atenuantes muy cualificadas.

Las circunstancias atenuantes más relevantes en relación con los delitos de lesiones en la práctica judicial son: reparación del daño y la de intoxicación por bebidas alcohólicas (cuando no concurren los requisitos para eximir de la responsabilidad).

‖ Reparación del daño como atenuante del delito de lesiones

Esta circunstancia atenuante, regulada por el apartado 5 del artículo 21 del Código Penal, se aplica cuando el autor del delito repara voluntariamente el daño causado a la víctima antes del juicio oral. La reparación puede ser mediante pago de una indemnización, la asunción de responsabilidad civil o cualquier otra forma de compensación eficaz. Así pues, los **requisitos** para apreciar reparación del daño son tres: voluntariedad, efectividad de la reparación y anterioridad al juicio oral. Por último, la jurisprudencia admite tanto la reparación material, como la moral o simbólica.

Para que la reparación del daño pueda entenderse como una atenuante **muy cualificada**, tal y como dice la sentencia del Tribunal Supremo n.º 635/2016, de 14 de julio, ECLI:ES:TS:2016:3466, «*lo usual es que para estimar muy cualificada la circunstancia se indemnice en la **totalidad del perjuicio***», ya que «*la función esencial* [de la reparación del daño] *es restablecer el equilibrio económico producido a la víctima, de ahí que la circunstancia sea eminentemente objetiva*». Así pues, nunca podrá estimarse la reparación del daño como circunstancia muy cualificada si solo se repara parcialmente.

CUESTIONES

1. ¿El hecho de vender la vivienda habitual para poder hacer frente a la reparación del daño mediante indemnización es suficiente para calificar la atenuante como muy cualificada?

La —ya mencionada— sentencia del Tribunal Supremo n.º 635/2016, de 14 de julio, ECLI:ES:TS:2016:3466, resuelve un caso en el que se condena a un hombre por delito de lesiones con deformidad, agravado por uso de armas por haber agredido a las víctimas con un puño americano, provocando lesiones graves (pérdida de varios dientes y requerimiento de tratamiento médico) y diversas secuelas. El autor alegó aplicación insuficiente de la circunstancia atenuante de la reparación del daño, argumentando que debería ser considerada como muy cualificada por haber vendido su casa para afrontar las indemnizaciones. El Tribunal Supremo desestimó el motivo ya que la indemnización satisfecha (5.080 €) no cubre la totalidad del daño causado (17.110 €), siendo solo una parte del total indemnizado, además de haberse consignado la cantidad un poco antes del juicio y sin incluir intereses. Así pues, al no ser una reparación íntegra, completa y relevante del daño no podrá calificarse como muy cualificada, aplicándose en consecuencia el grado ordinario.

2. ¿Consignar el importe máximo de indemnización solicitada es suficiente para calificar la atenuante como muy cualificada?

El auto del Tribunal Supremo n.º 231/2019, de 17 de enero, ECLI:ES:TS:2019:2304A, entiende que esto no es suficiente ya que la mera reparación total del daño o la simple consignación de la indemnización no justifica, por sí sola, la apreciación de la atenuante como muy cualificada, ya que ello supondría una objetivación contraria a los fines preventivos de la pena. Entiende el TS que, para aplicar la atenuante de forma muy cualificada, es necesario que el esfuerzo del condenado en la reparación sea particularmente notable, valorándose sus circunstancias personales y el contexto de la reparación. Si la consignación se realiza con carácter esencialmente instrumental, careciendo de la especial intensidad que requiere la atenuante muy cualificada, se entenderá la atenuante en su grado ordinario.

Otro ejemplo de un caso similar es el resuelto por la sentencia del Tribunal Supremo n.º 708/2020, de 18 de diciembre, ECLI:ES:TS:2020:4472, por la cual se atiende a un caso en el que se condena al autor por delito de lesiones agravadas (entre otros) con atenuantes muy cualificada de reparación del daño. Se recurre alegando por parte de la acusación particular la errónea valoración de la reparación del daño y el Alto Tribunal recuerda que: la reparación del daño tiene naturaleza principalmente objetiva, no requiriéndose necesariamente el reconocimiento de hechos ni actitudes subjetivas de arrepentimiento, en cambio, para apreciar esta circunstancia como muy cualificada no basta con consignar la cantidad reclamada, sino que se requiere un «*especial esfuerzo reparador*» por parte del culpable, más allá de la formalidad del pago, apreciándose circunstancias personales, económicas y/ o el contexto de la reparación. Así pues, en este supuesto, la única razón para considerar la atenuante como muy cualificada fue la cantidad ingresada (17.00 0€) a favor de la víctima, sin constatarse otros indicadores de especial intensidad en la conducta reparadora como el movimiento hacia el arrepentimiento o las circunstancias personales. Así pues, el TS rebaja la valoración de la atenuante a ordinaria.

Intoxicación por bebidas alcohólicas como atenuante del delito de lesiones

La intoxicación por bebidas alcohólicas puede considerarse una **eximente** completa de la responsabilidad penal cuando anule plenamente las facultades del sujeto activo del delito (conforme al apartado 2 del artículo 20 del Código Penal), impidiéndole al sujeto comprender la ilicitud de los hechos o actuar conforme a esa comprensión, exigiendo además como requisitos que tal estado no haya sido buscado con el propósito de cometer la infracción penal y que no se hubiese previsto ni debido prever su comisión (STS n.º 205/2017, de 28 de marzo, ECLI:ES:TS:2017:1201); en cambio, si en esta circunstancia no concurren los supuestos para apreciarla como eximente, será considerada **atenuante** de la responsabilidad penal (conforme al apartado 1 del artículo 21 del Código Penal).

> **JUSRISPRUDENCIA**
>
> **Sentencia del Tribunal Supremo n.° 725/2016, de 28 de septiembre, ECLI:ES:TS:2016:4187**
>
> «*La actual regulación del Código Penal contempla como eximente la intoxicación plena por consumo de bebidas alcohólicas, junto a la producida por drogas u otras sustancias que causen efectos análogos, siempre que impida al sujeto comprender la ilicitud del hecho o actuar conforme a esa comprensión, exigiendo además como requisitos que tal estado no haya sido buscado con el propósito de cometer la infracción penal y que no se hubiese previsto o debido prever su comisión. Cuando la intoxicación no es plena, pero la perturbación es muy importante, sin llegar a anular la mencionada capacidad de comprensión o de actuación conforme a ella, la embriaguez dará lugar a una eximente incompleta del artículo 21.1° en relación con el 20.2° CP. Los casos en los que pueda constatarse una afección de la capacidad del sujeto debida al consumo de alcohol de menor intensidad, deberían reconducirse a la atenuantes del artículo 21°.1, en supuestos de grave adicción al alcohol de relevancia motivacional en relación al delito, o a una analógica del artículo 21.7ª pues no es imaginable que la voluntad legislativa de 1995 haya sido negar todo efecto atenuatorio de la responsabilidad penal a una situación que supone un mayor o menor aminoramiento de la imputabilidad, y es evidente que existe analogía -no identidad- entre una cierta alteración de las facultades cognoscitivas y/o volitivas producida por una embriaguez voluntaria o culposa ocasional y una perturbación de mayor intensidad que es consecuencia, además, de una embriaguez adquirida sin previsión*

ni deber de prever sus eventuales efectos, que es la contemplada como eximente incompleta en el núm. 1° del artículo 21 puesto en relación con el núm. 2° del art. 20, ambos del CP (entre otras SSTS n.° 174/2010, de 4 de marzo, ECLI:ES:TS:2010:1001, n.° 893/2012, de 5 de noviembre, ECLI:ES:TS:2012:7331, n.° 644/2013, de 19 de julio, ECLI:ES:TS:2013:4102 o n.° 489/2014, de 10 de junio, ECLI:ES:TS:2014:2498)».

5.3. Circunstancias mixtas

Circunstancias mixtas de la responsabilidad penal en el delito de lesiones

Las circunstancias mixtas de la responsabilidad penal son aquellas que, en función de la naturaleza, motivos o efectos del hecho delictivo, pueden operar tanto como atenuantes como agravantes. Esta circunstancia viene recogida en el artículo 23 del Código Penal y su aplicación queda sujeta a la valoración judicial de cada caso concreto, atendiendo a la concurrencia o no de elementos que justifiquen suficientemente una mayor o menor reprochabilidad en la conducta del autor.

En relación con los delitos de lesiones ocurridos en el seno del **ámbito familiar o doméstico** puede apreciarse (no en pocas ocasiones) esta circunstancia, la cual implicará un mayor desvalor del hecho o una disminución de la culpabilidad.

|| El parentesco en el delito de lesiones

El artículo 23 del Código Penal establece que: «*Es circunstancia que puede atenuar o agravar la responsabilidad, según la naturaleza, los motivos y los efectos del delito, ser o haber sido agraviado cónyuge o persona que esté o haya estado ligada de forma estable por análoga relación de afectividad, o ser ascendiente, descendiente o hermano por naturaleza o adopción del ofensor o de su cónyuge o conviviente*».

Así pues, es necesaria una valoración judicial concreta, atendiendo a tres elementos esenciales: la naturaleza del delito, los motivos del autor y los efectos producidos. En relación con el **parentesco**, se contemplan distintas formas:

- Vínculos conyugales o afectivos.
- Vínculos familiares directos.

Es especialmente habitual esta circunstancia en el caso de **comisión por omisión** en el delito de lesiones. Aun con todo, no podrá aplicarse como agravante ya que la condición de parentesco viene implícitamente recogida en el tipo penal del delito. Así pues, en caso de aplicarse, se violaría el principio de *non bis in idem*. Así lo ha estimado en varias ocasiones el Tribunal Supremo (SSTS n.° 870/2014, de 18 de diciembre, ECLI:TS:2014:5481, n.° 20/2001, de 22 de enero, ECLI:ES:TS:2002:290, n.º 988/2006, de 10 de octubre, ECLI:ES:TS:2006:6627, y n.º 64/2012, de 27 de enero, ECLI:ES:TS:2012:1007, entre otras): «(...) *se excluye la aplicación agravante de parentesco cuando se trata de un delito cometido por omisión, cuando ha sido precisamente esa relación de parentesco la que ha determinado la condena de la madre por revestirla de la "posición de garante" respecto de su hija. (...) son precisamente estos mismos deberes derivados de la relación parental los que, como infracción de un especial deber jurídico del autor, conforme a lo expresamente prevenido por el artículo 11 del Código Penal, lo que determina la posición de garante y justifican la condena de manera menor como autora por omisión. Derivar de la misma infracción de los deberes parentales una circunstancia de agravación adicional implica una doble valoración, en perjuicio del reo, de una misma infracción, por lo que vulneraría el principio non bis in idem*».

CUESTIÓN

¿Cabe apreciar agravante de parentesco si la relación es de padrastro-hijastro?

La sentencia del Tribunal Supremo n.º 80/2015, de 6 de febrero, ECLI:ES:TS:2015:543, resuelve esta cuestión dictando que, tras la reforma de la LO 1/2003, la agravante de parentesco se aplica a los ascendientes, descendientes o hermanos del cónyuge o conviviente del agresor, pero no incluye expresamente a los descendientes del cónyuge del agredido (esto es, a los hijastros respecto al cónyuge de su progenitor). Por tanto, el parentesco a efectos penales funciona en sentido único y no es bilateral. Por tanto, conforme al principio de legalidad y la interpretación estricta de las normas, este caso no se aprecia como una circunstancia agravante de la responsabilidad penal.

«*Establece el artículo 23 del Código Penal que ‹Es circunstancia que puede atenuar o agravar la responsabilidad, según la naturaleza, los motivos y los efectos del delito, ser o haber sido el agraviado cónyuge o persona que esté o haya estado ligada de forma estable por análoga relación de afectividad, o ser ascendiente, descendiente o hermano por naturaleza o adopción del ofensor o de su cónyuge o conviviente.›*

*En el caso actual la recurrente es **hija de la esposa del agredido, por lo que no se encuentra incluida entre las personas a las que se aplica esta agravación.** La agravante es aplicable si el ofensor es el marido de la madre, pues en ese caso el agraviado es descendiente del cónyuge del ofensor, pero **la agravación no funciona a la inversa, al no estar expresamente incluida** en el precepto legal, e impedirlo el respeto del principio de legalidad.*

*La redacción anterior a 2003 incluía el parentesco por afinidad, en general. Pero en la redacción otorgada por la reforma derivada de la LO 11/2003, se han sustituido los afines por una relación expresa que incluye como agraviados a los ascendientes, descendientes o hermanos del cónyuge o conviviente del ofensor, pero no a los cónyuges del ascendiente del ofensor, que es la relación concurrente en el caso actual. La redacción actual elimina las dudas de hasta dónde alcanza el parentesco por afinidad, y **excluye claramente en la aplicación de la circunstancia los supuestos en que el ofensor es un descendiente del cónyuge del agredido.***

Puede parecer paradójico que el parentesco, a efectos penales, no sea bilateral, y funcione en sentido único (una mujer es pariente de su suegro, a efectos penales, y se le aplicará la agravante si le agrede, pero su suegro no es pariente de ella, conforme al art. 23, y si la agrede la agravante de parentesco no le será de aplicación), pero éste es el resultado de la reforma legal de 2003, y el principio de legalidad impone su aplicación».

6.
TIPO AGRAVADO DEL DELITO DE LESIONES

Tipo agravado del delito de lesiones

Aunque el tipo básico del delito de lesiones previsto en el apartado 1 del art. 147 del CP prevé penas de prisión de 3 meses a 3 años o multa de 6 a 12 meses, **el art. 148 del CP permite al juez** —potestativamente— **imponer** una pena más grave, de **prisión de 2 a 5 años,** cuando concurran determinadas circunstancias agravantes:

- Utilización de armas, instrumentos, objetos, medios, métodos o formas concretamente peligrosas para la vida o salud, física o psíquica, del lesionado.
- Ensañamiento o alevosía.
- Víctima menor de catorce años o con discapacidad necesitada de especial protección.
- Víctima esposa, exesposa o mujer que estuviere o hubiere estado ligada al autor por análoga relación de afectividad, aun sin convivencia.
- Víctima persona especialmente vulnerable que conviva con el autor.

A continuación, se desarrollan estos cinco supuestos que permiten al juez considerar pertinente la aplicación del tipo agravado de lesiones.

6.1. Uso de objetos peligrosos

Utilización de armas, instrumentos, objetos, medios, métodos o formas concretamente peligrosas para la vida o salud, física o psíquica, del lesionado como agravante del delito de lesiones

Las lesiones previstas en el apartado 1 del artículo 147 del CP podrán ser castigadas con prisión de 2 a 5 años, dependiendo del resultado causado o riesgo producido, si en la agresión se hubieren utilizado armas, instrumentos, objetos, medios, métodos o formas concretamente peligrosas para la vida o salud, física o psíquica, del lesionado.

|| Lesiones con armas, instrumentos y objetos peligrosos

La **STS n.º 353/2014, de 8 de mayo, ECLI:ES:TS:2014:2370**, señala como fundamento de este tipo agravado «*el aumento de la capacidad agresiva en el actuar del agente, y el mayor riesgo de causación de lesiones, lo que se traduce en una mayor perversidad criminal*».

Por tanto, la aplicación del art. 148.1.º del CP —agresión con armas, instrumentos, objetos, medios, métodos o formas concretamente peligrosas para la vida o salud, física o psíquica, del lesionado—se justifica por el peligro añadido y el riesgo creado por la utilización de medios peligrosos en la agresión, y no necesariamente por el daño físico final que se produzca.

El fundamento de la agravación prevista en el art. 148.1.º del CP no reside, por tanto, en que deba existir una relación causal directa entre el uso del arma u objeto peligroso y la gravedad de la lesión producida. Lo relevante es el **incremento del riesgo** que supone para la vida o la salud de la víctima el uso de un instrumento, objeto, medio, método o forma que sea objetivamente peligroso. Es decir, la ley agrava la pena cuando, al cometerse la agresión, se emplea un medio que por sí mismo aumenta la peligrosidad de la conducta, **aunque no se llegue a producir una lesión especialmente grave**. Así, basta con que el instrumento o medio empleado entrañe un peligro relevante (potencialidad lesiva) para justificar la mayor penalidad, aunque el daño finalmente causado no sea mayor al que hubiera producido otro medio menos peligroso.

> «En relación al art. 148.1, la jurisprudencia - STS. 1203/2005 de 19.10 - ha expuesto que la utilización de armas, instrumentos, objetos, medios, métodos o formas concretamente peligrosas para la vida o la salud, es una hipótesis que obedece al incremento del riesgo lesivo que objetivamente dimana de dicho método o forma de agredir.
>
> En la STS. 906/2010 de 14.10 , se recuerda que tal tipo agravado exige, como circunstancia objetiva delimitadora de su especifica tipicidad, un determinado peligro para la vida o salud de la víctima, el inherente a la utilización de determinados instrumentos (armas, objetos o medios) o procedimientos (inéditos o formas), en la agresión de resultado lesivo.
>
> Por tanto, en principio y como regla general, el fundamento de la agravación del art. 148.1 no está en la relación causal entre el empleo de hechos, métodos o formas, y las materiales lesiones producidas, sino en el incremento del riesgo que para su integridad física representa su empleo, tanto si se traduce en una más grave lesión directamente derivada de su utilización, como si el riesgo se mantiene como mera potencialidad de un mayor daño físico que fundamente no se concreta en una lesión más grave (STS. 1991/2010 de 27.11) o como dice la STS. 1114/07 de 26.12».

Como ocurre con las demás agravantes del art. 148 del CP, la aplicación de esta no es imperativa, sino potestativa. Antes de imponer la agravante, el juzgador debe realizar una doble valoración:

- **Objetiva**: la composición, la forma y demás características del arma, instrumento, objeto o medio empleado o las peculiaridades del método o forma de la agresión, que deben tener una capacidad lesiva relevante;

- **Subjetiva**: la forma en que tal objeto o instrumento ha sido utilizado, reveladora de su peligrosidad en el caso concreto. De esta forma queda claro que el dolo del autor debe abarcar el peligro creado en su acción.

CUESTIÓN

Juan y Pedro discuten con Luis en la calle. Durante el altercado, Juan, que lleva en la mano un cuchillo de cocina para amedrentar a Luis, le causa un corte superficial en la mejilla que no deja cicatriz y que no requiere más que una simple desinfección en el centro de salud, sin necesidad de tratamiento médico posterior. El resto de las lesiones de Luis (contusiones y una luxación leve) son resultado de golpes y forcejeos sin la intervención directa del cuchillo. Pedro no utiliza ningún objeto peligroso en la agresión. El fiscal acusa a Juan por un delito de lesiones agravadas por el uso de arma (art. 148.1.º del CP) y a ambos por un delito básico de lesiones (art. 147 del CP). ¿Procede aplicar el subtipo agravado del art. 148.1.º CP, de lesiones con objeto peligroso?

Para determinarlo, según la doctrina del Tribunal Supremo exige valorar de manera objetiva y subjetiva el caso:

- Valoración objetiva: el cuchillo es, por su naturaleza, un instrumento objetivamente peligroso.

- Valoración subjetiva: debe analizarse la intención de Juan y la forma concreta en que utilizó el cuchillo. En este caso, pese a llevar el cuchillo, sólo lo utilizó para producir un corte superficial de escasa entidad, sin causar daño relevante ni peligro grave para la vida o integridad de Luis.

Al no haberse producido lesiones graves ni materializarse un riesgo relevante procede descartar la agravante del art. 148.1.º del CP. La conducta resultará constitutiva del delito básico de lesiones del art. 147 CP (o incluso de una falta, si el resultado es menor), porque la peligrosidad objetiva del instrumento no se tradujo en un daño importante ni se usó con la intencionalidad y dirección necesaria para considerar la agravación. Así lo establece la jurisprudencia: se exige tener en cuenta tanto la capacidad lesiva del objeto como la manera concreta en que se empleó en el suceso.

A continuación se ilustra parte de la casuística en la que nuestro Alto Tribunal ha venido aplicando el subtipo agravado de lesiones del art. 148.1.º del CP por el uso de armas, objetos e instrumentos peligrosos:

- La STS n.º 58/2004, de 26 de enero, ECLI:ES:TS:2004:314, aplica el tipo agravado de lesiones del art. 148.1.º por **impacto con botella de *Coca-Cola* en la cabeza**.

- En STS n.º 1154/2003, de 18 de septiembre, ECLI:ES:TS:2003:5562, se entiende que **golpear con un bate de madera en la cabeza** es constitutivo de lesiones agravadas.

- La STS n.º 1327/2003, de 13 de octubre, ECLI:ES:TS:2003:6246, califica como delito de lesiones agravadas el **disparo a corta distancia con una pistola de gas** en el cuello de la víctima: *«la pistola empleada, cargada con cartucho de gas, es capaz de causar serias lesiones si se dispara a una distancia aproximada de cinco centímetros, según se desprende de los informes periciales a los que antes se hizo referencia, que son citados en la sentencia impugnada. Objetivamente, se trata de un objeto peligroso por su capacidad lesiva, siempre que se utilice de una determinada forma. En cuanto al segundo aspecto antes mencionado, la utilización concreta que se hizo del mismo encaja en las previsiones que lo convierten en un instrumento peligroso, pues según se dice en la sentencia, intentó introducirlo en la boca del agredido y, sin conseguirlo y apuntando a la boca, realizó un disparo desde muy corta distancia que le alcanzó en el cuello debido al movimiento de giro que hizo el agredido».*

- En la STS n.º 364/2003, de 13 de marzo, ECLI:ES:TS:2003:1732, se aplica el tipo agravado de lesiones por el **uso de una barra de hierro y palos —uno de ellos con dos clavos— para agredir a una persona en la cabeza.**

- En STS n.º 62/2003, de 22 de enero, ECLI:ES:TS:2003:264, la Sala consideró delito de lesiones agravadas un **ataque consciente a las zonas vitales** —cuello, mentón y región epigástrica— de la víctima, realizado **con un objeto punzante** desconocido.

|| Lesiones por medios, métodos y formas peligrosos

La agravación prevista en el art. 148.1 del CP exige que estos **medios, métodos y formas** sean específicos para la producción del resultado y **que impliquen un incremento de la capacidad agresiva.** Así, por ejemplo, en sentencias como la **STS n.º 164/2012, de 3 de marzo, ECLI: ES:TS:2012:1566,** se ha determinado que un golpe con el puño desnudo **no** es suficiente para apreciar la peligrosidad que exige el artículo 148.1.º del CP. En la práctica de nuestros tribunales se ha considerado el uso de determinados medios como agravante del delito de lesiones —art. 148.1.º del CP—:

- En la **STS n.º 500/2013, de 12 de junio, ECLI:ES:TS:2013:3392,** la Sala interpretó que propinar **patadas en la cabeza** de la víctima caída en el suelo **sí implicó** una forma concretamente peligrosa de la acción.

- La STS n.º 730/2003, de 19 de mayo, ECLI:ES:TS:2003:3371, considera que la agravante es aplicable al **uso de automóviles para lesionar** a alguien, dada la **gran peligrosidad potencial** del medio, y, con el mismo fundamento, la **STS n.º 17/2003, de 15 de enero, ECLI:ES:TS:2003:78,** con respecto al uso de **armas de fuego**: *«La motivación es patente a la vista del medio utilizado para producir la lesión, susceptible de originar daños más graves, incluso de producir la muerte».*

- En la **STS n.º 463/2014, de 28 de mayo, ECLI:ES:TS:2014:2264,** se consideró agravante el uso de un **cúter** para herir el rostro de la víctima: *«La* *calificación como instrumento peligroso de un objeto cortante como un cúter, con alta capacidad de causar un daño físico y que fácilmente hiere por el solo roce con su filo, que se emplea además contra la cara de la víctima, provocándole la lesión ya descrita, no deja lugar a dudas».*

- La **STS n.° 353/2016, de 26 de abril, ECLI:ES:TS:2016:1808**, determina que el **puño americano**, *«(...) es un arma blanca sumamente peligrosa formada por una estructura metálica que se ajusta a los nudillos del usuario y que al dar un puñetazo provoca que las lesiones causadas a la víctima sean de enorme entidad, como sucedió en el caso actual, mientras que el impacto en la mano de quien golpea es mínimo».*

- En el supuesto de la **STS n.° 843/2012, de 31 de octubre, ECLI:ES:TS:2012:7818**, el uso de cinturón con hebilla justifica *«(...) la aplicación de la cualificativa, no solo por la utilización pura y simple de un cinturón, sino por la potencia extrema con la que se golpeó con él a la víctima, (véase dictamen del médico forense), poniendo en peligro su integridad corporal».*

6.2. Ensañamiento o alevosía

Ensañamiento o alevosía como agravante del delito de lesiones

Las lesiones previstas en el apartado 1 del artículo 147 del CP podrán ser castigadas con la pena de prisión de 2 a 5 años, atendiendo al resultado causado o riesgo producido, si hubiere mediado ensañamiento o alevosía. Según las **definiciones** del Diccionario panhispánico del Español Jurídico (DEJ):

- **Ensañamiento** es el *«Aumento deliberado e innecesario del sufrimiento de la víctima durante la comisión del delito».*

  Además de formar parte del tipo penal del delito de lesiones agravado del art. 148 del CP, también se contempla en el de asesinato (art. 139 del CP), y en el de maltrato de animales (art. 337 del CP).

- **Alevosía** es la *«Circunstancia agravante consistente en ejecutar un delito contra las personas con medios o de modo que haya indefensión en la víctima y de ese modo se asegure la indefensión».*

Este elemento puede funcionar, bien como agravante genérica (art. 22.1.ª del CP), o bien como elemento típico agravatorio de dos delitos concretos: el de lesiones —dando lugar al delito de lesiones agravadas (art. 148.2.° del CP)— y el de homicidio —dando lugar al delito de asesinato (arts. 139 y 140 del CP). En estos dos últimos casos, por un mayor desvalor objetivo de la acción.

|| Signos de ensañamiento en el delito de lesiones

En la **STS n.° 755/2008, de 26 de noviembre, ECLI:ES:TS:2008:6250**, el Alto Tribunal indica que, para apreciar **ensañamiento**, es decir, aumento innecesario y deliberado del sufrimiento de la víctima, deben concurrir dos elementos esenciales: uno objetivo y otro subjetivo.

- El elemento **objetivo** consiste en la **causación de males innecesarios que aumentan el sufrimiento de la víctima**, más allá de lo requerido para la consumación del delito. Esto implica que el autor realiza actos que generan un dolor o sufrimiento adicional, no necesarios para alcanzar el resultado típico del delito.

- El elemento **subjetivo**, por su parte, requiere **que el autor actúe de manera consciente y deliberada**, con el propósito de aumentar el sufrimiento de la víctima.

Este tipo de conducta refleja una mayor gravedad del injusto y un incremento de culpabilidad, lo que justifica su consideración como circunstancia agravante en el ámbito penal. En relación con el delito de lesiones agravadas, «(...) *la simple reiteración de golpes no supone, sin más, el subtipo agravado de* **ensañamiento**. *Pero lo que a continuación describe el "factum" integra ya el aludido ensañamiento, por su brutalidad, y desde luego, suplemento de males. Dice así "para luego en el suelo seguir golpeándole varias veces de nuevos en la cara, siendo consciente el acusado de que por la edad de la víctima y repetidos golpes que le daba en la cabeza podía causarle lesiones graves e innecesarias ante lo desproporcionado y brutal de la paliza".*

Concurre, pues, el requisito normativo de ensañamiento, porque el episodio, compuesto de dos fases, contiene en la segunda con autentico brutalidad aprovechando su estado semiconsciente para reanudar los golpes, sin preocupación alguna por su estado, esto es, con una evidente perversidad y además aprovechando que la víctima estaba ya caída en el suelo.

Y en cuanto al resultado producido: lesiones que acabaron con el fallecimiento de la víctima, no hay más que decir».

‖ Signos de alevosía, según sus tipos, en el delito de lesiones

Según la **STS n.º 775/2024, de 18 de septiembre, ECLI:ES:TS:2024:4536**, para apreciar la concurrencia de alevosía, entendida como aseguramiento de la indefensión de la víctima, debe considerarse su eficacia real, y tenerse en cuenta que es compatible con el intento de defensa por parte de la víctima como resultado de su propio instinto de conservación, pero sin eficacia verdadera contra el agresor: «(...) *Es decir, no se trata de que se exija una absoluta anulación de la defensa, sino que, objetivamente, pueda apreciarse que las posibilidades de defensa se anulan o dificultan, por lo que habrá que apreciarlo caso por caso».*

Realizada esta matización, la sentencia distingue los diferentes tipos de alevosía:

- **Proditoria** o traicionera.
- **Convivencial**.
- **Súbita**, inopinada o sorpresiva.
- **De desvalimiento**.

a) **Alevosía proditoria o traición:** su elemento esencial es el **abuso de confianza o de una situación confiada** en la que el agresor actúa contra la víctima sin que esta hubiera temido el ataque.

Un supuesto ilustrativo de esta modalidad podría ser el de dos amigos que quedan para cenar en casa de uno de ellos, manteniendo una conversación distendida y amigable. En un momento determinado, el anfitrión se dirige a la cocina, supuestamente a preparar una bebida, pero regresa ocultando tras la espalda un objeto contundente. Al situarse junto al otro, y sabiendo que este no sospecha ningún peligro, por la relación de confianza que comparten, le propina varios golpes de manera inesperada, causándole graves lesiones. La víctima, por la relación de amistad y por el clima de confianza, no esperaba ataque alguno y por ello no puede reaccionar ni defenderse.

b) **Alevosía convivencial:** tal como expresa el Supremo en la sentencia que nos ocupa, así como en la STS n.º 527/2012, de 20 de junio, ECLI:ES:TS:2012:4691, «*Se ha admitido en ocasiones una modalidad especial de alevosía convivencial basada en la relación de **confianza proveniente de la convivencia, generadora para la víctima de su total despreocupación respecto de un eventual ataque** que pudiera tener su origen en acciones del acusado (SSTS 1284/2009, 10 de diciembre y 86/1998, 15 de abril). Se trataría, por tanto, de una **alevosía doméstica**, derivada de la relajación de los recursos defensivos como consecuencia de la imprevisibilidad de un ataque protagonizado por la persona con la que la víctima convive día a día*».

Un ejemplo de este tipo de alevosía podría ser el de una pareja con una relación de convivencia que mantiene una discusión doméstica. Horas después, ya entrada la noche y mientras la víctima se encuentra relajada viendo la televisión en el salón de casa, el otro conviviente aprovecha ese instante de confianza y falta de alerta para, de forma repentina, golpearla en la cabeza con un objeto contundente, causándole graves lesiones. El ataque se lleva a cabo dentro del hogar común, en un entorno donde la víctima se siente segura y no puede esperar una acometida similar por parte de alguien en quien confía y con quien comparte su vida cotidiana. En este escenario, la alevosía convivencial agrava el delito de lesiones, ya que el agresor aprovecha precisamente la confianza que la convivencia genera para ejecutar el ataque sobre seguro, dificultando o anulando la reacción defensiva de la víctima.

c) **Alevosía súbita o inopinada:** esta consiste en tratar de eliminar la posibilidad de defensa de la víctima, agrediéndola sorpresivamente, «*(...) pues quien no espera el ataque difícilmente puede prepararse contra él y reaccionar en consecuencia, al menos en la medida de lo posible*». De acuerdo con el criterio de la Sala en STS, n.º 477/2017, de 26 de junio. ECLI:ES:TS:2017:2535, no solo cabe apreciarla cuando la agresión ocurra sin previo aviso, sino también cuando, aun mediando un enfrentamiento, se produce imprevisiblemente un cambio cualitativo en la situación.

Imaginemos que un empleado y su compañero mantienen una conversación normal en la oficina. Sin mediar discusión ni advertencia, el primero, de manera absolutamente inesperada, saca de un cajón un objeto contundente y golpea brutalmente al segundo en la cabeza, causándole graves lesiones. Ni por la actitud previa ni por el contexto era previsible tal agresión, de modo que, la víctima no tuvo ninguna oportunidad objetivamente eficaz de defenderse o de evitar el ataque. En este supuesto, la alevosía súbita o inopinada agrava el delito de lesiones porque el agresor actúa aprovechando la total despreocupación y seguridad de la víctima, ejecutando la acción de forma rápida y sorpresiva, eliminando toda posibilidad real y efectiva de defensa.

d) Alevosía por desvalimiento: consiste en aprovechar la especial situación de desamparo de la víctima —de niños de corta edad, ancianos debilitados, enfermos graves o personas con discapacidad—, o su imposibilidad de defensa por algún motivo accidental —persona dormida, drogada o ebria en fase letárgica o comatosa—.

Actuaría con este tipo de alevosía un individuo que propinara reiterados golpes a una persona de edad muy avanzada y con movilidad reducida, aprovechando que la víctima está sola en su domicilio, en silla de ruedas y sin posibilidad de defenderse o de pedir ayuda de manera inmediata. El momento y el contexto, conscientemente elegidos por el autor para asegurarse de que la víctima está especialmente desprotegida, le permite actuar sobre seguro y garantizarse la eficacia del ataque.

e) Alevosía sobrevenida: en sentencias como la STS n.º 450/2017, de 21 de junio, ECLI:ES:TS:2017:2807, el Alto Tribunal alude a esta modalidad, que se produce cuando, aun habiendo mediado un enfrentamiento previo sin circunstancias iniciales alevosas, se produce un cambio cualitativo en la situación. El Tribunal Supremo declara que la alevosía sobrevenida surge cuando, en un momento posterior a la actuación agresiva, se aprovecha por el sujeto activo la situación de absoluta indefensión en que se encuentra la víctima para ejecutar una nueva y diferente agresión distinta a la anteriormente realizada.

Por ejemplo, dos personas inician una pelea a golpes en igualdad de condiciones en plena calle, de forma que ambas se enfrentan activamente y pueden defenderse. Sin embargo, durante el forcejeo, uno consigue derribar al otro, que queda inconsciente en el suelo. En ese momento, aprovechando el desvalimiento que impide al adversario defenderse, el agresor decide continuar su acción y le propina nuevos golpes con un objeto contundente para lesionarle gravemente.

Vistas estas modalidades, cabe hacer un inciso para tratar la **compatibilidad del agravante de alevosía con el dolo eventual**. El Tribunal Supremo, en sentencias como la STS, n.º 466/2007, de 24 de mayo. ECLI:ES:TS:2007:3643, declara que no hay ninguna incompatibilidad ni conceptual ni ontológica en que el agente trate de asegurar la ejecución evitando la reacción de la víctima —aseguramiento de la ejecución— y que al mismo tiempo continúe con la acción que puede tener como resultado de alta probabilidad la muerte de la víctima, la que acepta en la medida que no renuncia a los actos efectuados.

Respecto a la **concurrencia entre la circunstancia agravatoria de alevosía y el empleo de medios peligrosos**, ya que ambos son de los supuestos que implican la aplicación del artículo 148, la jurisprudencia del Tribunal Supremo, en sentencias como la **STS, n.º 492/2017, de 29 de junio. ECLI:ES:TS:2017:2654**, ha definido que para que concurra la alevosía se deben dar los siguientes elementos: un elemento normativo; un elemento objetivo que radica en el *modus* *operandi* que el autor utilice en la ejecución medios, modos o formas que han de ser objetivamente adecuados para asegurarla mediante la eliminación de las posibilidades de defensa, sin que sea suficiente el convencimiento del sujeto acerca de su idoneidad; un elemento subjetivo, que el dolo del autor se proyecte no sólo sobre la utilización de los medios, modos o formas empleados, sino también sobre su tendencia a asegurar la ejecución y su orientación a impedir la defensa del ofendido, eliminando el posible riesgo de su defensa; y por último un elemento teleológico, que impone la comprobación de si en realidad se produjo una situación de total indefensión, siendo necesario apreciar una mayor antijuricidad en el *modus operandi*.

En estos casos, la circunstancia de alevosía «*debe funcionar, para alcanzar toda la eficacia punitiva que el legislador le atribuye en el Código, como agravante genérica*», evitando así que se subsuma en el subtipo agravado de lesiones. Esto se justifica en que, como bien dice el Tribunal Supremo en reiterada jurisprudencia como la **STS, n.° 520/2013, de 19 de junio. ECLI:ES:TS:2013:3255**, «*no existe ninguna norma en el Código Penal, que, ante la estructura de un tipo cualificado mixto alternativo, niegue a las circunstancias que resulten anodinas o innecesarias para alumbrar dicho subtipo, la posibilidad de actuar como agravantes genéricas si realmente se hallan simultáneamente previstas en el art. 22 del Código, por lo que la alevosía no se subsume en el subtipo agravado de lesiones del art. 148.1 CP*».

6.3. La víctima en el delito de lesiones

Víctima menor de catorce años o con discapacidad necesitada de especial protección como agravante del delito de lesiones

Mediante la LO 8/2021, de 4 de junio, de protección integral a la infancia y la adolescencia frente a la violencia, se modificó el ordinal 3.° del art. 148 del CP. Como resultado, desde el 25/06/2021 —fecha de entrada en vigor de la reforma— esta agravante del delito de lesiones pasa a operar cuando la víctima es **menor de 14 años** (antes, menor de 12).

Según lo dispuesto en párrafo segundo del art. 25 del CP, se entiende por **persona con discapacidad necesitada de especial protección** «*a aquella persona con discapacidad que, tenga o no judicialmente modificada su capacidad de obrar, requiera de asistencia o apoyo para el ejercicio de su capacidad jurídica y para la toma de decisiones respecto de su persona, de sus derechos o intereses a causa de sus deficiencias intelectuales o mentales de carácter permanente*».

CUESTIÓN

Alba, una mujer de 41 años con discapacidad intelectual permanente, vive en un centro especializado donde recibe apoyo para la toma de decisiones relacionadas con su bienestar y derechos. Un día, durante una salida organizada por el centro, sufre una agresión física por parte de un hombre que se acerca a propinarle un golpe en el rostro, causándole lesiones que requieren atención médica. La familia de Alba decide interponer una denuncia contra el agresor. ¿A qué pena puede enfrentarse?

Si el juez lo considera, teniendo en cuenta la condición de Alba de persona con discapacidad necesitada de especial protección, el agresor podría enfrentarse a una pena de prisión de 2 a 5 años, por un delito agravado de lesiones del art. 148 del Código Penal. La ley reconoce la especial vulnerabilidad de estas personas y busca protegerlas de manera más estricta frente a delitos como el de lesiones.

|| Posible comisión por omisión

Esta modalidad, junto con la del ordinal 5.º del art. 148 del CP —víctima especialmente vulnerable que conviva con el autor— admite su comisión por omisión, si la persona omitente ostenta la posición de garante de la víctima.

RESOLUCIONES RELEVANTES

La STS n.º 195/2018, de 24 de abril, ECLI:ES:TS:2018:1490, absuelve a una madre del delito omisivo de lesiones agravadas del ordinal 3.º del art. 148 del CP al no considerar probado que fuera conocedora de las lesiones causadas al niño por su pareja. En este caso, el TS no consideró probado que las heridas padecidas por el niño llegaran a ser advertidas por la madre: «De conformidad con la jurisprudencia de esta Sala -cfr. SSTS 870/2014, 18 de diciembre ; 64/2012, 27 de enero ; 988/2006, 10 de octubre y 20/2001, 22 de enero -, se excluye la aplicación de la agravante de parentesco cuando se trata de un delito cometido por omisión, si ha sido precisamente esa relación de parentesco la que ha determinado la condena de la madre por revestirla de la «posición de garante» respecto de un hijo. Son precisamente estos deberes derivados de la relación parental los que, como infracción de un especial deber jurídico del autor, conforme a lo expresamente prevenido por el art. 11 del Código Penal , determinan la posición de garante y justifican la condena como autora por omisión. De ahí que la aplicación de la agravante de parentesco, derivada de esta misma relación parental, implicaría su doble valoración en perjuicio del reo, vulnerando así el principio non bis in ídem».

Por su parte, la STS 1161/2000, de 26 de junio, ECLI:ES:TS:2000:5229, condena a una madre como responsable por omisión de un delito agravado de lesiones del ordinal 3.º del art. 148 del CP, por ser conocedora de las lesiones que el padre de su hijo menor ocasionó a este. La responsabilidad penal derivada de su conducta omisiva viene dada por su posición de garante con respecto al menor: «Cierto que en el relato de hechos probados se incluye por el Tribunal «a quo» la frase «no consta que Julia participase en las agresiones a Inocencio ni activa ni pasivamente», pero también lo es que dicho aserto, primero, no es un hecho sino una inferencia, al menos en lo referente a la falta de participación «pasiva», que parece excluir su autoría por comisión por omisión, máxime -y esto se expone en segundo lugar- porque existe elementos en los hechos probados que prueban tal participación, dada la posición de garante que, en cuanto a la salud e integridad física de los hijos, se contempla con carácter general en el art. 154 del Código ci-

vil, como uno de los deberes que en el conjunto de las relaciones paterno-filiares incumbe a los padres».

Lesiones en el marco de la violencia de género como agravante del delito de lesiones

El ordinal 4.º del art. 148 del CP permite al juez aplicar el tipo agravado del delito de lesiones **cuando la víctima fuere o hubiere sido esposa, o mujer que estuviere o hubiere estado ligada al autor por una análoga relación de afectividad, aun sin convivencia.** El Tribunal Supremo reitera el carácter **potestativo** de dicha decisión en la **STS n.º 610/2017, de 12 de septiembre, ECLI:ES:TS:2017:3251,** al recordar que *«En todo caso, la subsunción de los hechos en el tipo penal del artículo 147.1 del Código Penal , no supone que su punición haya de sujetarse necesariamente al subtipo agravado del artículo 148.4 del Código Penal, por más que la víctima estuviere -como los hechos probados recogen- ligada al autor por una relación de afectividad análoga al matrimonio».*

Como puede ocurrir con las otras circunstancias que permiten aplicar el tipo agravado, es frecuente que esta concurra con otras agravantes del tipo o agravantes genéricas. En la **STS n.º 1173/2024, de 19 de diciembre, ECLI:ES:TS:2024:6218,** la Sala se pronuncia sobre un caso en el que coinciden las circunstancias agravatorias de empleo de armas y de género (ordinales 1.º y 4.º del art. 148 del CP), así como la agravante genérica de parentesco (art. 23 del CP).

La sentencia desestima el recurso interpuesto por un hombre condenado en instancia a 4 años de prisión por un delito de lesiones agravado del art. 148 del CP. En este caso, se consideró probado que el recurrente apuñaló a su expareja en el abdomen con un cuchillo durante un encuentro concertado por ambos para saldar una deuda económica. El recurrente alegó error en la aplicación de las agravantes de parentesco (art. 23 del CP) y de género (agravación específica del artículo 148.4 del CP) sosteniendo que la primera no debería aplicarse, pues el tipo delictivo ya contempla la segunda. En respuesta, la Sala delimita cuándo es legítimo aplicar tanto agravaciones específicas del tipo penal —como el art. 148 CP para lesiones cometidas con arma (apartado 1.º) y sobre personas con las que exista o existió una relación afectiva (apartado 4.º)— como agravantes genéricas, especialmente la de parentesco (art. 23 del CP).

El fallo legitima la aplicación acumulativa de las agravantes del tipo —siempre que se fundamenten en hechos diferenciados y no vulneren el principio *non bis in idem*—, reforzando la posibilidad de sancionar exhaustivamente la gravedad de la conducta delictiva.

El tribunal puede agravar la pena por el riesgo y el tipo de relación entre autor y víctima siempre que existan circunstancias objetivas graves, y esto es compatible con el añadido de la agravante genérica de parentesco del art. 23 del CP, siempre que se fundamenten en hechos diferenciados. La pena final respeta estas exigencias legales y no incide en doble castigo por los mismos hechos.

Como reza la sentencia, «*En todo caso, la consideración de que ambas circunstancias previstas en el artículo 148 del Código Penal determinan la aplicación del precepto, conduciría a un mismo resultado punitivo en el caso que ahora enjuiciamos. En tal coyuntura, la concurrencia de la agravante genérica de discriminación por razones de género, obligaría a imponer la pena del artículo 148 en su mitad superior (de 3 años y 6 meses a 5 años), pero es evidente que el Tribunal, en atención a que concurren dos de las circunstancias del artículo 148 del Código Penal, encontraría en ello una razón para individualizar la pena más allá del mínimo legal, tal y como aquí resulta al imponerse una pena de cuatro años de prisión*».

> **A TENER EN CUENTA**. En relación con las agravantes genéricas, el art. 66 del CP prevé: «1. En la aplicación de la pena, tratándose de delitos dolosos, los jueces o tribunales observarán, según haya o no circunstancias atenuantes o agravantes, las siguientes reglas: (...) 3.ª Cuando concurra sólo una o dos circunstancias agravantes, aplicarán la pena en la mitad superior de la que fije la ley para el delito».

Víctima especialmente vulnerable que conviva con el autor como agravante del delito de lesiones

El ordinal 5.º del artículo 148 del Código Penal establece una agravante para el delito de lesiones cuando la persona agredida tenga una situación de especial vulnerabilidad y además resida en el mismo domicilio que el agresor.

La inclusión de este supuesto responde a la voluntad del legislador de ofrecer una **protección reforzada** a personas cuya capacidad de defensa o denuncia está menoscabada por circunstancias físicas, psíquicas, sociales o económicas, y que, además, comparten residencia con el agresor, lo que incrementa el riesgo y dificulta la ruptura del ciclo delictivo. Esta agravante reconoce situaciones sociales frecuentes en las que la convivencia genera una situación de dominación, dependencia o temor que puede añadirse al daño físico o psíquico sufrido. La amplitud del concepto «persona especialmente vulnerable» permite abarcar una casuística variada (personas mayores, personas con discapacidad, personas dependientes, etc.), siempre que quede probada su especial vulnerabilidad y la convivencia. No obstante, la aplicación efectiva de este ordinal requiere una correcta identificación y justificación judicial de la especial vulnerabilidad de la víctima, evitando abusos interpretativos o aplicaciones arbitrarias.

> **CUESTIÓN**
>
> **Iván, de 40 años, vive con su madre, Concepción, de 75 años, quien sufre una movilidad muy reducida y depende de su hijo para realizar actividades cotidianas. Un día, durante una discusión, Iván agrede a Concepción causándole lesiones graves. La policía interviene y detiene a Iván por los hechos ocurridos. ¿Puede ser Iván responsable de un delito agravado de lesiones del art. 148 del CP?**
>
> Sí, si el juez lo considera. El supuesto de hecho descrito encaja en el ordinal 5.º del artículo 148 del Código Penal, pues Concepción, por razón de su avanzada edad y estado de salud, puede considerarse una persona especialmente vulnerable que convive con el autor del delito.

Por lo tanto, las lesiones infligidas por Iván a Concepción podrán ser castigadas con la pena de prisión de dos a cinco años, conforme a lo dispuesto en el artículo 148 del CP. La agravante tiene como finalidad dar mayor protección penal a quienes, por su especial situación, requieren una tutela reforzada frente a conductas lesivas en el ámbito de la convivencia.

‖ Posible comisión por omisión

Cabe recordar, que, igual que sucedía en el caso de las lesiones a menor de 14 años o persona con discapacidad necesitada de especial protección, el supuesto previsto en el ordinal 5.º del art. 148 del CP también admite su **comisión por omisión**, cuando el omitente se encuentre en una **posición de garante**.

CUESTIÓN

Gonzalo, de 78 años, padece de una tetraplejia que le impide moverse, por lo que depende para todo de su hijo Rodrigo, con el que convive.

Rodrigo y su pareja Remedios están hartos de no poder irse de viaje por causa de los cuidados de Gonzalo. Durante una visita al domicilio, Remedios da una paliza a Gonzalo con la intención de que este ingrese en el hospital y así poder marcharse con Rodrigo unos días a esquiar a Baqueira-Beret. Rodrigo, seducido por la idea, presencia las agresiones sin intervenir.

Una vez en el hospital, Gonzalo cuenta lo sucedido a los médicos, que denuncian a su hijo y a Remedios. Aunque Rodrigo se defiende alegando que no participó en la agresión, ¿puede terminar siendo condenado por no haberla impedido?

Sí, si el juez lo considera, Rodrigo puede ser responsable en calidad de autor por omisión de un delito agravado de lesiones del art. 148.5.º del CP. A pesar de no participar activamente en la paliza, Rodrigo permitió que esta sucediera, aun estando en posición de garante de los derechos de su padre, persona especialmente vulnerable. Por lo tanto, Rodrigo puede ser condenado a una pena de prisión de dos a cinco años.

7.
EL DELITO DE LESIONES LEVES

Delitos de lesiones: los tipos atenuados

Antes de entrar a analizar los subtipos atenuados del tipo básico del delito de lesiones —apartados 2 y 3 del art. 147 del CP— y el tipo atenuado del art. 155 del CP, cabe recordar que el **tipo básico**, previsto en el apartado primero del art. 147 del CP castiga con pena de prisión de 3 meses a 3 años o multa de 6 a 12 meses a quien lesionare a otro, menoscabando su integridad corporal o su salud física o mental, de forma que requiera tratamiento médico o quirúrgico.

‖ Diferente impacto en el bien jurídico protegido

El bien jurídico protegido del delito de lesiones, independientemente de su gravedad, es la **integridad corporal** y la **salud física y mental** de las personas. Así, el CP sanciona aquellas conductas que menoscaben este bien fundamental, garantizando la tutela judicial frente a ataques que supongan una merma en la integridad o en el normal estado de salud de los ciudadanos.

El grado de desvalor del bien jurídico protegido que conlleve la agresión determinará la aplicación del subtipo o tipo correspondiente: agravado (art. 148 del CP), básico (art. 147.1 del CP), o alguno de los subtipos o tipos atenuados (apartados 2 y 3 del art. 147 y art. 155 del CP). Mediante los **subtipos y tipos atenuados** objeto de estudio, el legislador castiga las agresiones merecedoras de un menor reproche penal.

Los subtipos atenuados de lesiones del art. 147 del CP

El legislador reserva la persecución de estas **dos modalidades** —el delito leve de lesiones (apartado 2 del art. 147 del CP) y el delito leve de maltrato de obra (apartado 3 del art. 147 del CP)— a los casos en que la persona agraviada o su representante legal interpongan **denuncia**, salvo en situaciones de violencia de género donde no se exige denuncia previa para perseguir las lesiones leves y el maltrato de obra. Con ello, el legislador pretende evitar procesos judiciales innecesarios en casos de escasa gravedad, como los que se iniciaban únicamente por la existencia de un parte médico de lesiones leves, antes de la modificación introducida por la LO 1/2015, de 30 de marzo, que supuso la eliminación de las faltas y la incorporación en su lugar de los delitos leves.

> **A TENER EN CUENTA**. Aunque la norma no hace distinción específica sobre si las lesiones contempladas bajo estas dos modalidades han de ser dolosas o imprudentes, en la práctica, suelen aplicarse a conductas dolosas, ya que implican una acción intencionada de causar daño, aunque de menor gravedad: por ejemplo, el artículo 147.2 del CP sanciona con multa las lesiones que no requieren tratamiento médico o quirúrgico, mientras que el artículo 147.3 del CP castiga el maltrato de obra sin causar lesión.

‖ Delito leve de lesiones

El subtipo atenuado de lesiones del apartado 2 del art. 147 del CP, es aplicable a quien, por cualquier medio o procedimiento, causare a otro una **lesión no incluida en el tipo básico**:

- La acción típica consiste en ocasionar **lesiones que no requieran de tratamiento médico o quirúrgico** para su curación, sino **solamente una asistencia o un seguimiento facultativo** del curso de la lesión.
- La pena asociada es de **multa de 1 a 3 meses**.

A continuación, con apoyo en la **STS n.º 739/2021, de 30 de septiembre, ECLI:ES:TS:2021:3645**, se explican los criterios del Alto Tribunal para determinar el alcance de lo dispuesto en el art. 147.2 del CP. Mediante la citada resolución, el Supremo anula la sentencia de instancia que condenó al recurrente por un delito (art. 147.1 del CP) y un delito grave (art. 148 del CP) de lesiones, tras considerar los hechos constitutivos de un delito leve —art. 147.2 del CP—.

‖ Ponderación del desvalor del bien jurídico: no necesidad de tratamiento médico o quirúrgico

Partiendo de la premisa del tipo básico, en el que el tratamiento médico/quirúrgico es objetivamente necesario para la sanidad de las lesiones —sin posible dispensa por el facultativo o por la víctima—, la Sala aclara qué debe entenderse por «tratamiento médico o quirúrgico», y, **citando su propia jurisprudencia**, lo define:

- De forma sintética, como «*toda actividad posterior a la primera asistencia... tendente a la sanidad de las lesiones y prescrita por un médico*»; y
- de forma más descriptiva, como «*(...) el procedimiento que se utiliza para curar una enfermedad o para reducir sus efectos, tanto si se realiza por el médico que presta la asistencia inicial como si se encomienda a auxiliares sanitarios, quedando al margen el simple diagnóstico y la pura vigilancia o prevención médica*».

Seguidamente, el Tribunal aclara el **contenido de cada una de las modalidades de tratamiento,** consistiendo:

- El **tratamiento médico** en la «*(...) planificación de un sistema de curación o de un esquema médico prescrito por un titulado en medicina con finalidad curativa*»; y

- el tratamiento **quirúrgico** en la realización de «*(...) operaciones de esta naturaleza, cualquiera que sea su importancia: cirugía mayor o menor, incluyendo distintas actuaciones (diagnóstico, asistencia preparatoria ex ante, exploración quirúrgica, recuperación ex post, etc.)*».

> **A TENER EN CUENTA**. El tratamiento quirúrgico existe «(...) siempre que se actúa médicamente sobre el cuerpo del paciente de forma agresiva, como ocurre cuando se abre, se corta, se extrae o se sutura, es decir siempre que la curación se persigue mediante la intervención directa en la anatomía de quien la necesite. Y así se ha descrito como la realización de cualquier intervención médica de esta naturaleza (cirugía mayor o cirugía menor), que sea objetivamente necesaria para reparar el cuerpo humano o para restaurar o corregir cualquier alteración funcional u orgánica producida por las lesiones».

Para descartar la aplicación al caso concreto de los tipos básico y agravado de lesiones, la Sala recuerda que, en tales supuestos sería necesario, además de la intervención inicial, un **seguimiento posterior** que permitiera comprobar el éxito de la medicación prescrita, observar la evolución de las lesiones o señalar medidas precautorias. Actuaciones estas que no concurren en el contexto de unas lesiones leves.

«Aun en el supuesto de que la sutura se aplique en la primera asistencia, **los tratamientos quirúrgicos**, incluso en los casos de cirugía menor, **siempre necesitan cuidados posteriores**, aunque de hecho no los preste una persona titulada. **Han de tener una prolongación en el tiempo**, lo que excluye la posibilidad de aplicar la norma correspondiente a la infracción conceptuada como delito leve. Es una operación susceptible de realizarse en un solo acto. Pero si su sentido es la aproximación de los bordes de una herida para favorecer la soldadura de los tejidos, lo que cura realmente es la **permanencia** del cosido ejerciendo esa acción a lo largo de cierto tiempo, de manera que la **intervención facultativa mantiene su actividad terapéutica durante todo ese periodo**, en el que la lesión resulta tratada quirúrgicamente, aun cuando deba hablarse de cirugía menor.

10.3. Lo expuesto muestra que la técnica de aproximación prolongada de bordes de una herida para su curación en el tiempo, debe considerarse tratamiento quirúrgico, como cirugía menor naturalmente, aun cuando el contacto permanente de los planos musculares se consiga mediante la utilización de elementos adhesivos cutáneos como los denominados Steri Strips (SSTS 610/2017, de 12 de septiembre o 593/2018, de 27 de noviembre)».

En el supuesto de autos, el Tribunal considera oportuno calificar los hechos como **delito leve de lesiones** del art. 147.2 del CP, ya que para la curación de estas **no se requirieron puntos de sutura, ni**, por tanto, **un seguimiento posterior** a la primera asistencia de las lesiones:

«En el dictamen emitido por los forenses durante el Juicio oral, los peritos no sólo ratificaron el informe en el que consideraron que **las lesiones** sufridas por Artemio y Angustia **precisaron para su curación una única asistencia facultativa**, sino que concluyeron que **ambos sufrieron lesiones superficiales que no requerían sutura**, detallando que la curación únicamente exigía de limpieza, sin perjuicio de la ayuda analgésica que pudiera parecer conveniente. Unas conclusiones que determinaron que los hechos probados recogieran que estas lesiones, además de requerir 15 y 13 días respectivamente para su curación, únicamente exigieron" una primera asistencia facultativa durante la cual se le colocaron tiras de aproximación"».

Como señala la sentencia, la limpieza de cicatrices y el uso de analgésicos para el dolor en los días sucesivos a la cura no se considera seguimiento o vigilancia, pues, aunque dichas acciones favorecen la recuperación, la sanación de las lesiones no va a depender de ellas.

‖ Delito leve de maltrato de obra

El apartado 3 del art. 147 del CP, prevé la aplicación de este subtipo a quien cometa una agresión contra otro sin causarle lesiones:

- La acción típica consiste en **golpear o maltratar** de obra a otro **sin causarle lesión.**
- Se castiga con pena de **multa de 1 a 2 meses.**

> **A TENER EN CUENTA**. El Diccionario panhispánico del Español Jurídico (DEJ) define «maltratar de obra» como «Ejercer violencia física o psíquica sobre una persona sin llegar a causar lesión».

Tal como expresa el Alto Tribunal en la **STS n.° 98/2020, de 14 de abril, ECLI:ES:TS:2020:1294**, esta modalidad atenuada del delito de lesiones —que viene a sustituir a la falta de lesiones del art. 617 del CP, derogada desde el 1 de julio de 2015, en virtud de la reforma operada por la LO 1/2015, de 30 de marzo— «*(...) requiere la realización de alguna clase de actuación por parte del sujeto activo sobre la víctima que haya de suponer un atentado contra su integridad si bien sin exigir resultado lesivo alguno de modo que ha de considerarse como una **infracción de mera actividad que se consuma con la realización de la acción ilícita**»*.

Por tanto, el criterio del Tribunal Supremo —reflejado en la sentencia— es claro al considerar que el delito leve de maltrato de obra no requiere para su consumación que se produzca un resultado de lesión, bastando simplemente con la realización del acto de violencia o atentado material contra la integridad física de la víctima. La acción, por sí sola, agotará el tipo delictivo, configurando así un delito de mera actividad, lo que implica que se perfecciona independientemente de que se deriven o no lesiones efectivas.

En conclusión, y conforme al criterio reiterado por el Alto Tribunal, el delito leve de maltrato de obra es un delito de mera actividad que se consuma mediante la simple realización del acto antijurídico y no requiere un resultado lesivo.

‖ Delito leve de lesiones en el ámbito familiar y de la violencia de género

El art. 153 del CP recoge una especialidad con respecto a los delitos leves de lesiones y maltrato de obra de los apartados 2 y 3 del art. 147 del CP, respectivamente.

De esta forma, según el apartado 1 del citado precepto, las lesiones leves y agresiones que no causen lesión perpetradas contra la **esposa, exesposa o mujer que esté o haya estado ligada al autor** por una análoga relación de afectividad **aun sin convivencia, o persona especialmente vulnerable que conviva con el autor**, serán penadas con:

- Prisión de 6 meses a 1 año o trabajos en beneficios de la comunidad de 31 a 80 días.
- Prohibición de tenencia y porte de armas de 1 año y 1 día a 3 años, en todo caso.
- Inhabilitación para el ejercicio de la patria potestad, tutela, curatela, guarda o acogimiento hasta 5 años, cuando el juez o tribunal lo estime adecuado al interés del menor o persona con discapacidad necesitada de especial protección.

De acuerdo con el apartado 2, si la **víctima** es alguna de las personas a que se refiere el **art. 173.2 del CP, exceptuando a las que ya se citaron**, las penas serán de:

- Prisión de 3 meses a 1 año o trabajos en beneficio de la comunidad de 31 a 80 días.
- Prohibición de tenencia y porte de armas de 1 año y 1 día a 3 años, en todo caso.
- Inhabilitación para el ejercicio de patria potestad, tutela, curatela, guarda o acogimiento de 6 meses a 3 años, cuando el Juez o Tribunal lo estime adecuado al interés del menor o persona con discapacidad necesitada de especial protección.
- Además de las anteriores penas, se podrá acordar la imposición de la medida de libertad vigilada.

A TENER EN CUENTA. Las personas a las que se refiere el apartado 2 del art. 173 del CP son:

- Cónyuge, excónyuge o persona que esté o haya estado ligada a él por una análoga relación de afectividad aun sin convivencia; descendientes, ascendientes o hermanos por naturaleza, adopción o afinidad, propios o del cónyuge o conviviente.
- Menores o personas con discapacidad necesitadas de especial protección que con él convivan o que se hallen sujetos a la potestad, tutela, curatela, acogimiento o guarda de hecho del cónyuge o conviviente.
- Persona amparada en cualquier otra relación por la que se encuentre integrada en el núcleo de su convivencia familiar.
- Personas que por su especial vulnerabilidad se encuentran sometidas a custodia o guarda en centros públicos o privados.

Las penas de los apartados 1 y 2 del art. 153 del CP se impondrán en su mitad superior cuando el delito se perpetre en presencia de menores, utilizando armas, en el domicilio común o en el domicilio de la víctima, o quebrantando una pena de las contempladas en el artículo 48 o una medida cautelar o de seguridad o prohibición de la misma naturaleza. No obstante, razonándolo en sentencia, el juzgador podrá imponer la pena inferior en grado en atención a las circunstancias personales del autor y las concurrentes en la realización del hecho.

Tipo atenuado de lesiones por consentimiento de la víctima

Regulado en el artículo 155 del CP, este tipo implica la **reducción de la pena en uno o dos grados** cuando en la perpetración del delito de lesiones medie el consentimiento de la víctima. El consentimiento del ofendido debe ser prestado de forma válida, libre, espontánea y expresa, la pena aplicable se reducirá en uno o dos grados. El consentimiento no será válido si procede de un menor de edad o de una persona con discapacidad que requiera especial protección.

Cabe mencionar, como ejemplo de este supuesto, la STS n.º 1049/2002, de 5 de junio, ECLI:ES:TS:2002:4080, que estima parcialmente el recurso interpuesto por un hombre condenado en instancia por un delito de lesiones tipificadas en los arts. 147 y 148 del CP. El recurrente apeló a la inexistencia de dolo eventual y al consentimiento válido de la víctima que, según la defensa, debió excluir o atenuar la responsabilidad penal. Asimismo, cuestionó la agravación del artículo 148.1 CP y la indemnización fijada. En respuesta, el Supremo falló que:

- No existió dolo eventual sino dolo directo, pues la producción de las lesiones fue querida e intencionada por el acusado dadas las prácticas realizadas y la intensidad de las mismas. Respecto al artículo 148.1 del CP (subtipo agravado), el Alto Tribunal mantiene su aplicación, pues las lesiones resultan de métodos objetivamente peligrosos.

- Es pertinente una rebaja de la pena al amparo del artículo 155 del CP, pues concurren los requisitos de un **consentimiento válido** sobre las prácticas lesivas y, por tanto, se estima parcialmente el recurso solo a efectos penológicos, aplicando la atenuación del art. 155 del CP.

Cabe precisar que, tal como recuerda la **SAP de Madrid n.º 427/2023, de 16 de noviembre, ECLI:ES:APM:2023:19173**, las lesiones contempladas en el art. 155 del CP «*(...) se refiere a las lesiones* ***dolosas***, *intencionadamente causadas, no a aquellas no deseadas que se producen de forma imprudente*».

Casos especiales de exención de responsabilidad penal por consentimiento de la víctima

Por su parte, el artículo 156 del CP recoge determinados **supuestos en los que el consentimiento válido, libre, consciente y expreso anula la tipicidad de la lesión**, a saber:

- Trasplante de órganos efectuado con arreglo a la ley.
- Esterilización y cirugía transexual, realizadas por facultativo.

No será válido el consentimiento obtenido viciada o ilícitamente, esto es, mediante precio o recompensa, o de paciente menor de edad o absolutamente carente de aptitud para prestarlo, en cuyo caso no será válido el prestado por este ni por sus representantes legales.

Abolición de la esterilización forzosa de personas con discapacidad

La antigua redacción del art. 156 del CP contenía un párrafo segundo que despenalizaba la esterilización de «(...) *personas que de forma permanente no puedan prestar en modo alguno el consentimiento*» en supuestos excepcionales en los que se produjera grave conflicto de bienes jurídicos protegidos, a fin de salvaguardar el mayor interés del afectado.

Con efectos desde el 18/12/2020, el citado párrafo fue **suprimido** por la LO 2/2020, de 16 de diciembre, en cumplimiento de lo previsto en la Convención de Nueva York sobre los derechos de las personas con discapacidad, de 13 de diciembre de 2006. Este acuerdo internacional, ratificado por España en 2008, contiene artículos específicos sobre los **derechos de las personas con discapacidad en relación con la formación de una familia, un hogar, ser padres y madres y las relaciones personales** de los mismos.

8.
EL DELITO DE LESIONES IMPRUDENTES

Regulación del delito de lesiones imprudentes

Dentro del título III —«De las lesiones»— del libro II del CP, el art. 152 establece el régimen sancionador para los supuestos de lesiones causadas por imprudencia, diferenciando sus apartados 1 y 2, respectivamente, entre imprudencia grave y menos grave, y distinguiendo las consecuencias penales en función del peligro creado y de la gravedad de las lesiones producidas.

Delito de lesiones por imprudencia grave

De acuerdo con el apartado 1 del art. 152 del CP, en atención al riesgo creado y al resultado producido, el delito de lesiones por **imprudencia grave** será castigado con las siguientes **penas**:

- **Prisión de 3 a 6 meses o multa de 6 a 18 meses,** si se trata de lesiones del apartado 1 del artículo 147 del CP, es decir, las que para su curación necesiten objetivamente, además de una primera asistencia facultativa, **tratamiento médico o quirúrgico.** (Art. 152.1.1.º del CP).
- **Prisión de 6 meses a 2 años,** si se trata de las lesiones del artículo 150 del CP, consistentes en la pérdida o la inutilidad de un órgano o miembro **no principal,** o la deformidad. (Art. 152.1.3.º del CP).
- **Prisión de 1 a 3 años,** indica el art. 152.1.2.º del CP, si se trata de las lesiones del artículo 149 del CP, a saber:
  - » Pérdida o inutilidad de un órgano o miembro principal.
  - » Pérdida o inutilidad de un sentido.
  - » Impotencia.
  - » Esterilidad.
  - » Grave deformidad.
  - » Grave enfermedad somática.
  - » Grave enfermedad psíquica.
  - » Mutilación genital en cualquiera de sus manifestaciones.

Supuestos agravados en el delito de lesiones por imprudencia grave

Se prevé la **imposición adicional** de las siguientes penas cuando las lesiones imprudentes fueran perpetradas **bajo determinadas circunstancias**:

- **Vehículo a motor o ciclomotor**: se añade la pena de **privación del derecho a conducir** vehículos a motor y ciclomotores de 1 a 4 años.

> **A TENER EN CUENTA**. A estos efectos —como sucede en el delito de homicidio con vehículo a motor— se reputa imprudencia grave, en todo caso, la conducción en estado de embriaguez o con exceso de velocidad —art. 379 del CP—.

- **Arma de fuego**: se suma la pena de **privación del derecho al porte o tenencia de armas** de 1 a 4 años.

- **Imprudencia profesional**: se adiciona la pena de **inhabilitación especial para el ejercicio de la profesión, oficio o cargo** por un período de 6 meses a 4 años.

Así, en materia de tráfico vial, el **auto de la Audiencia Provincial de Murcia n.º 590/2018, de 18 de septiembre, ECLI:ES:APMU:2018:675A**, entiende como pautas orientativas para determinar *«lo que podría ser imprudencia grave y menos grave»*, las siguientes:

- La imprudencia grave *«(...) debería o podría atender a las conductas de riesgo tipificadas en el Código Penal (como más reprochables) así como a algunas de las recogidas como infracciones muy graves en la normativa vial»;*

- La imprudencia menos grave debería referirse a las *«(...) conductas que por las circunstancias del caso, de las anteriormente expuestas, no pudieran alcanzar la consideración de imprudencia grave, y algunas de las recogidas como infracciones muy graves o graves en la normativa vial»*, a saber, las fijadas en el art. 379 del CP:

  » **Exceso de velocidad**: conducción de vehículos de motor o ciclomotores superando en más de 60 km/h el límite en vías urbanas, o en más de 80 km/h el límite en vías interurbanas.

  » **Consumo de alcohol o drogas**: conducción bajo la influencia de drogas, estupefacientes, sustancias psicotrópicas o bebidas alcohólicas. En todo caso, conducir con una tasa de alcohol en aire espirado superior a 0,60 mg/l o en sangre superior a 1,2 g/l.

Como ejemplo puede citarse la **sentencia de la Audiencia Provincial de la Rioja, n.º 64/2018, de 23 de marzo, ECLI:ES:APLO:2018:156**, dictada a propósito de un caso de **lesiones producidas por un accidente de tráfico**, y que estima que: *«(...) el hecho de circular a una velocidad que la parte recurrente considera normal no resulta, sin embargo, incompatible con la imprudencia grave puesto que existen otros elementos, que han resultado igualmente probados, que permiten encajar su conducta dentro del tipo penal. La conductora, como bien apuntó la sentencia, circulaba ajena a las circunstancias de la circulación y buena prueba de ello es que no atemperó la velocidad a la situación existente en ese concreto momento en la vía, en la cual había una* *peatón cruzando por el paso de peatones que tenía preferencia, y, precisamente, por ese motivo, no logró detener su vehículo a tiempo. Dado que se trataba de una zona marcada con bandas anchas donde había perfecta visibilidad y dado que la víctima salió impulsada varios metros respecto al punto del atropello, resulta claro que la Sra..(...) no llevó a cabo una conducción diligente y no adoptó todas las precauciones frente a posibles peatones, siendo su proceder perfectamente encuadrable dentro de la imprudencia grave».*

Para concluir, en un supuesto tan típico como el **atropello de un peatón en un paso reservado debidamente señalizado**, tanto la jurisprudencia menor como el Tribunal Supremo han considerado que **nos encontramos ante casos de imprudencia grave** (SAP de Palencia, núm. 13/2010, de 4 de febrero, ECLI:ES:APP:2010:56).

Delito de lesiones por imprudencia menos grave

Según establece el apartado 2 del art. 152 del CP:

«2. El que por **imprudencia menos grave** causare alguna de las **lesiones a que se refiere el artículo 147.1**, será castigado con la pena de multa de uno a dos meses, y si se causaren las lesiones a que se refieren los artículos 149 y 150, será castigado con la pena de multa de tres meses a doce meses.

Si los hechos se hubieran cometido **utilizando un vehículo a motor o un ciclomotor**, se impondrá también la pena de **privación del derecho a conducir vehículos a motor y ciclomotores de tres a dieciocho meses**. A los efectos de este apartado, **se reputará en todo caso como imprudencia menos grave aquella no calificada como grave en la que para la producción del hecho haya sido determinante la comisión de alguna de las infracciones graves de las normas de tráfico,** circulación de vehículos y seguridad vial. La valoración sobre la existencia o no de la determinación deberá apreciarse en resolución motivada».

El citado precepto sanciona con las siguientes **penas** a quien causare, como consecuencia de una **imprudencia menos grave**, alguna de las siguientes **lesiones** del apartado 1 del art. 147 del CP, con la pena de multa de 1 a 2 meses y, si se causaran las lesiones de los arts. 149 y 150 del Código Penal, con una pena de multa de 3 a 12 meses. Las mencionadas lesiones consisten en:

a) Menoscabo de la integridad corporal o salud física o mental cuya sanación precise de tratamiento médico o quirúrgico (artículo 147. 1 del CP)

«1. El que, por cualquier medio o procedimiento, causare a otro una lesión que menoscabe su integridad corporal o su salud física o mental, será castigado, como reo del delito de lesiones con la pena de prisión de tres meses a tres años o multa de seis a doce meses, siempre que la lesión requiera objetivamente para su sanidad, además de una primera asistencia facultativa, tratamiento médico o quirúrgico. La simple vigilancia o seguimiento facultativo del curso de la lesión no se considerará tratamiento médico».

b) Pérdida o inutilidad de un órgano o miembro principal (artículo 149 del CP)

«1. El que causara a otro, por cualquier medio o procedimiento, la pérdida o la inutilidad de un órgano o miembro principal, o de un sentido, la impotencia, la esterilidad, una grave deformidad, o una grave enfermedad somática o psíquica, será castigado con la pena de prisión de seis a 12 años.

2. El que causara a otro una mutilación genital en cualquiera de sus manifestaciones será castigado con la pena de prisión de seis a 12 años. Si la víctima fuera menor o persona con discapacidad necesitada de especial protección, será aplicable la pena de inhabilitación especial para el ejercicio de la patria potestad, tutela, curatela, guarda o acogimiento por tiempo de cuatro a 10 años, si el juez lo estima adecuado al interés del menor o persona con discapacidad necesitada de especial protección».

c) Pérdida o inutilidad de un órgano o miembro no principal o deformidad (artículo 150 del CP)

«El que causare a otro la pérdida o la inutilidad de un órgano o miembro no principal, o la deformidad, será castigado con la pena de prisión de tres a seis años».

Como ocurre en el supuesto de homicidio (art. 142 del CP), se apreciará como **imprudencia menos grave** aquella no calificada como grave en la que para la producción del hecho haya sido determinante la comisión de alguna de las infracciones graves de las normas de tráfico, circulación de vehículos y seguridad vial. La valoración sobre la existencia o no de la determinación deberá apreciarse en resolución motivada.

En este sentido, la sentencia del **Juzgado de lo Penal de Ávila n.º 41/2020, de 13 de febrero, ECLI:ES:JP:2020:5**, estima:

«(...) el actual artículo 152 del Código Penal (aunque referido a las lesiones por imprudencia, el concepto es perfectamente aplicable al homicidio por imprudencia), indica que 'Se reputará imprudencia menos grave, cuando no sea calificada de grave, siempre que el hecho sea consecuencia de una infracción grave de las normas sobre tráfico, circulación de vehículos a motor y seguridad vial, apreciada la entidad de ésta por el Juez o el Tribunal'. **La distinción entre la imprudencia grave y la menos grave radica en la mayor o menor importancia del deber de cuidado infringido.** La imprudencia grave se caracteriza por la omisión más elemental de las normas de cuidado en la actividad arriesgada, por la falta de adopción de los cuidados más elementales, y la distinción con la imprudencia menos grave depende del mayor o menor quebrantamiento del deber objetivo de cuidado. La imprudencia grave es el comportamiento que se lleva a cabo con el más absoluto olvido o descuido de lo que exige una actuación mínimamente atenta, originadora de un resultado lesivo para las personas; y la **imprudencia menos grave es ese mismo comportamiento o actuación cuando la desatención o el descuido, siendo de cierta entidad o relevancia, no ha sido de tanta entidad como en el caso anterior, sin llegar a los descuidos mínimos o de muy escasa relevancia, que conducirían a la imprudencia leve**, que como ya hemos dicho, sería impune».

Hecho de notoria gravedad (artículo 152 bis del Código Penal)

El art. 152 bis del CP otorga la posibilidad de que el juzgador, de forma **motivada**, pueda aplicar una **pena superior en uno o dos grados**, cuando la comisión de los **delitos de lesiones por imprudencia grave** del art. 152.1 del CP revista **notoria gravedad**. Recuérdese que estos delitos son los referidos en los arts. 147.1, 149 y 150 del CP, —a saber: el menoscabo de la integridad corporal o salud física o mental cuya sanación precise de tratamiento médico o quirúrgico, la pérdida o inutilidad de un órgano o miembro principal, y la pérdida o inutilidad de un órgano o miembro no principal o deformidad— y que su **notoria gravedad** se valorará en función de la entidad y relevancia del riesgo creado, del deber normativo de cuidado infringido y del número de personas lesionadas.

- Podrá imponerse la **pena superior en un grado,** en la extensión que el juez estime conveniente, cuando el hecho revista notoria gravedad en los términos antes citados, y hubiere provocado a una pluralidad de personas:

  La pérdida o inutilidad de un órgano o miembro principal (art. 149 del CP), o

  la pérdida o inutilidad de un órgano o miembro no principal o deformidad (art. 150 del CP).

- Podrá imponerse la **pena superior en dos grados**, si el número de lesionados fuere muy elevado.

> **A TENER EN CUENTA**. En la STS n.º 344/2022, de 6 de abril, ECLI:ES:TS:2022:5245, el Alto Tribunal esclarece qué se entiende por «pluralidad de personas» a los efectos de la subida de la pena en un grado, estableciendo que «podría entenderse como «pluralidad» en la referencia a más de dos y hasta cinco» y qué se entiende por «muy elevado» con respecto a la subida de la pena en dos grados, «(...) siendo así más de cinco las víctimas».

La aplicación del art. 152 bis del CP habrá de adaptarse a la casuística, permitiendo una graduación de las penas en función tanto de elementos objetivos (la pluralidad de víctimas, la gravedad de las lesiones) como de elementos subjetivos o valorativos (la entidad del riesgo creado, el deber de cuidado infringido). La remisión expresa del precepto a la motivación judicial confirma la exigencia de una valoración casuística y detallada por parte del órgano jurisdiccional.

Con ello se pretende garantizar una protección reforzada frente a conductas especialmente peligrosas o gravemente negligentes que afecten a un gran número de personas o tengan consecuencias especialmente graves. que justifiquen una mayor severidad punitiva en función del resultado lesivo y de la especial puesta en peligro de bienes jurídicos colectivos.

Concurso de lesiones dolosas con lesiones imprudentes

La Sala de lo Penal del Tribunal Supremo se ha pronunciado sobre la apreciación de **concurso ideal** en casos de agresión física cuando se dan lesiones tanto dolosas como imprudentes. Destacamos los siguientes casos.

Lesiones provocadas en el rostro por el impacto de una botella de refresco de cola

En la **STS n. 464/2016, de 31 de mayo de 2016, ECLI:ES:TS:2016:2584**, sobre la base de los hechos enjuiciados (un lanzamiento de un botellín a la cara de la víctima que deriva en la pérdida del ojo), el Tribunal Supremo examina si la totalidad de la conducta debía ser calificada como dolosa (art. 149.1 del CP) o, como sostuvo la Audiencia Provincial, procedía aplicar el concurso de lesiones básicas dolosas (art. 147.1 del CP) y lesiones imprudentes (art. 152 CP) por el resultado especialmente grave.

El Tribunal, tras analizar la **diferenciación entre dolo eventual e imprudencia consciente**, concluye que el resultado producido (la pérdida del ojo) no era altamente probable como para ser apreciado dolosamente. Indica que aun cuando la acción de lanzar la botella al rostro fue dolosa, el concreto resultado de la pérdida del ojo es posible pero no probable, y por tanto debe imputarse a título de imprudencia grave. El Tribunal Supremo señala:

> «En el caso actual ha de tenerse en cuenta que de un importante número de lanzamiento de objetos romos, como es una botella, producidos en enfrentamientos de diversa entidad, aun cuando lleguen a impactar contra el rostro de una persona, muy pocos acaban con el estallido del glóbulo ocular».
>
> (...)
>
> Por lo tanto, el grado de probabilidad de producción del resultado no era elevado, lo que permite hablar de un resultado posible más que probable. Y así lo establece el Tribunal de Instancia cuando razona que una botella de pepsi-cola, objeto lanzado, carece de exteriores punzantes y es de difícil fractura, por lo que no cabe concluir que la botella fuese lanzada para que el impactado perdiese el ojo, o previendo como probable dicho resultado».

Con base en las anteriores razones, la Sala concluye que:

- **Si el resultado lesivo es frecuentemente previsto y naturalmente esperable, se sanciona solo como doloso** (como lesiones del art. 149.1 CP).

- **Si el resultado es inhabitual y solo posible (no probable), corresponde el concurso entre lesiones dolosas y lesiones imprudentes.**

Como resultado, la Sala confirma la aplicación del concurso ideal de lesiones básicas dolosas y lesiones agravadas por imprudencia cuando el resultado, aun grave, desborda lo normalmente esperado y no puede considerarse asumido de forma dolosa.

Lesiones ocasionadas por una agresión producida en el transcurso de una fiesta

La STS n.º 232/2011, de 5 de abril, ECLI:ES:TS:2011:2148, aborda un caso de agresión ocurrido durante una fiesta en el domicilio del acusado, donde este propinó un puñetazo a un amigo, causándole lesiones graves que derivaron en la pérdida casi total de visión en su ojo izquierdo. Además, la esposa de la víctima sufrió lesiones leves al intervenir en defensa de su marido. Inicialmente, la Audiencia Provincial condenó al acusado por un delito de lesiones graves y una falta de lesiones, imponiéndole seis años de prisión. Sin embargo, tras interponer recurso de casación, el Tribunal Supremo recalificó los hechos, considerando que no hubo dolo eventual en la pérdida de visión de la víctima. En consecuencia, se modificó la sentencia, estableciendo un **concurso ideal entre un delito doloso de lesiones y un delito de lesiones por imprudencia grave**, reduciendo la pena a tres años de prisión.

> «(...) no se dan los presupuestos anteriormente consignados, para validar la inferencia del Tribunal a quo sobre la concurrencia del dolo eventual -mucho menos el directo- en la producción del resultado finalmente sucedido. (...) Se trató de un golpe y no existen elementos indiciarios mínimamente suficientes para declarar acreditado y fuera de toda duda razonable que el autor de la agresión hubiese sido consciente y hubiera previsto como altamente probable que su acción provocara la pérdida de la visión del ojo afectado. Por todo lo cual, el acusado debe responder de *un delito de lesiones dolosas del tipo básico del art. 147, y de un delito de imprudencia grave del art. 152 C.P.* por lo que hemos venido denominando "exceso del resultado" no acabado por el dolo eventual, uno y otro en relación de concurso ideal».

‖ Lesiones ocasionadas por arrojar un objeto al rostro de la víctima

La **STS n.º 1278/2006, 22 de diciembre, ECLI:ES:TS:2006:7997**, se pronuncia sobre un caso de lesiones graves ocurridas en un establecimiento comercial en Ibiza, donde el acusado, arrojó un objeto contundente al rostro de la víctima, causando la pérdida de visión completa en su ojo izquierdo, además de otras secuelas físicas y laborales. Inicialmente condenado por un delito de lesiones del artículo 149 del Código Penal, **el Tribunal Supremo revisó la naturaleza del dolo en los delitos de lesiones, concluyendo que la pérdida de visión fue resultado de imprudencia grave y no de dolo directo**. En consecuencia, se aplicó el **concurso ideal** de delitos, imponiendo una pena de 4 años y 8 meses de prisión, atendiendo a la gravedad de los hechos y aplicando la regla del artículo 77 del Código Penal. La sentencia destaca la **importancia de distinguir entre dolo eventual y culpa grave** en la valoración de los resultados no previstos dolosamente.

> «(...) nos encontramos ante un caso de concurso ideal de delitos del art. 77 C.P., pues hubo un solo hecho constitutivo de dos infracciones penales (véase la sentencia de esta sala n° 1548/2002, de 27 de septiembre, la n° 439/2000, de 26 de julio, y las que en el fundamento de derecho 2° de esta última se citan): una dolosa del art. 150 y otra de imprudencia grave del n° 2° del art. 152».

‖ Pérdida de visión ocasionada por el lanzamiento de un vaso de cristal al perjudicado

La **STS n.º 132/2015, 12 de marzo, ECLI:ES:TS:2015:1393**, aborda un supuesto en el que el acusado lanzó un vaso de cristal hacia un grupo de personas, causando graves lesiones en el ojo de una de ellas, quien perdió completamente la visión de dicho ojo. En el momento de los hechos, las facultades volitivas e intelectivas del acusado estaban levemente afectadas por el consumo de sustancias. La Audiencia Provincial de Cádiz lo condenó por un delito de lesiones, aplicando atenuantes de dilaciones indebidas y drogadicción, con una pena de dos años y seis meses de prisión y una indemnización a determinar en ejecución de sentencia.

El caso llegó al Tribunal Supremo mediante recurso de casación en el que se alegó vulneración del principio de presunción de inocencia y **se cuestionó la calificación jurídica de los hechos como delito doloso de lesiones graves**. El Supremo concluyó que, aunque la prueba era suficiente para justificar la condena, el lanzamiento del vaso no fue dirigido específicamente al rostro de la víctima, sino al grupo, sin que el acusado pudiera representarse o aceptar como probable el resultado producido.

> «Así, en aplicación del mismo criterio acogido en SSTS n.º 1004/2013, de 20 de diciembre y 843/2012, de 31 de octubre , la acción enjuiciada consistente en lanzar el vaso contra el grupo, claramente apta para producir algún resultado lesivo en alguna de las personas que lo formaban, y que, finalmente, se concretó en el traumatismo determinante de la pérdida de un ojo del afectado, debe considerarse constitutiva de un delito del art. 148,1º Cpenal en relación de concurso ideal del art. 77 Cpenal , con un delito de lesiones por imprudencia grave, del art. 152,2º Cpenal».

Por ello, se modificó la calificación jurídica de los hechos, considerándolos constitutivos de un **delito de lesiones con instrumento peligroso por dolo eventual (art. 148.1.º del CP) y un delito de lesiones imprudentes graves (art. 152.2.º del CP)**.

9.
EL DELITO DE LESIONES CON PÉRDIDA DE UN MIEMBRO PRINCIPAL

Delito de lesiones con pérdida o inutilidad de un órgano o miembro principal

El artículo 149 del CP prevé una pena de 6 a 12 años de prisión para quien provoque a otro lesiones de especial gravedad, consistiendo estas en la:

- Pérdida o inutilidad de un órgano o miembro principal o de un sentido,
- impotencia o esterilidad,
- grave deformidad, o
- grave enfermedad somática o psíquica.

Pérdida o inutilidad de un órgano o miembro principal o de un sentido por un delito de lesiones

Esta conducta se refiere a la mutilación o inutilización de un órgano: mientras la **mutilación** implica el corte o amputación del órgano, la **inutilización** se refiere a la pérdida de la capacidad funcional del órgano o miembro, independientemente del medio por el cual se produzca.

Tal como aclara el Alto Tribunal en la **STS n.º 753/2017, de 23 de noviembre, ECLI:ES:TS:2017:4190**, el tipo del art. 149 del CP no exige que la inutilidad sea absoluta, sino que basta un menoscabo sustancial y permanente. En la citada sentencia, por ejemplo, se equipara la notable disminución de la visión en un ojo (en este caso, una merma del 80 %) a la inutilización o pérdida funcional del órgano.

> «De igual modo, el elemento normativo de ‹inutilidad› del órgano o miembro principal, cuenta con una amplia y pacífica concreción jurisprudencial, como ‹pérdida de eficacia funcional›, que no debe entenderse en términos absolutos, bastando un menoscabo sustancial».

La referida resolución cita numerosas sentencias (por ejemplo, STS 1728/2001, de 3 de octubre, ECLI:ES:TS:2001:7518, STS 61/2013, de 7 de febrero, ECLI:ES:TS;2013:469, STS 715/2007, de 18 de septiembre, ECLI:ES:TS:2007:5841) que han considerado la pérdida de visión de un 80 % o más como inutilidad del órgano a los efectos del art. 149 CP.

‖ Órgano principal vs. no principal

En palabras del Alto Tribunal, en la **STS n.º 753/2017, de 23 de noviembre, ECLI:ES:TS:2017:4190**, un **órgano principal** es *«(...) aquel que desarrolla una actividad funcional independiente y relevante para la vida, la salud o el normal desenvolvimiento del individuo (STS 1696/2002, de 14 de octubre ó 1856/2000, de 29 de noviembre)».*

Entre otros, la jurisprudencia entiende unánimemente como órganos principales: el brazo, el antebrazo, la lengua, la oreja, la nariz o el himen.

La misma sentencia define el **órgano no principal** como *«(...) el que gozando en principio de las mismas condiciones le falta la función autónoma por hallarse al servicio de otros miembros u órganos principales y no resulte plenamente indispensable para la vida o para la salud completa del individuo, pero que, a consecuencia de su falta, no pueda éste realizar las funciones todas de su plena actividad por suponer su pérdida una minusvalía anatómico-fisiológica».*

Como recuerda a título ilustrativo la **SAP de Gijón n.º 29/2018, de 19 de octubre, ECLI:ES:APO:2018:3037**, el Supremo ha considerado como órganos no principales *«los dedos de la mano (STS 747/07, 26-9), la vesícula biliar, el bazo (STS 1642/01, 20-9) o un hombro (STS 810/00, 17-5)».*

> **A TENER EN CUENTA**. Dentro de nuestra jurisprudencia, la consideración del bazo como órgano principal o no principal es controvertida: mientras en algunas resoluciones este órgano es considerado principal en términos del art. 149 del CP (STS n.º 912/2021, de 24 de noviembre, ECLI:ES:TS:2021:4247), en otras se clasifica como no principal —art. 150 del CP— (SAP de Gijón n.º 29/2018, de 19 de octubre, ECLI:ES:APO:2018:3037).

CUESTIÓN

En el seno de una disputa por una plaza de aparcamiento, Inocencio lanza una piedra directamente al rostro de Lucía, impactando en su ojo derecho. Como consecuencia del golpe, Lucía pierde la visión en el ojo afectado y denuncia a Inocencio. Tras la celebración del juicio, el juzgado de lo penal declara a Inocencio responsable de un delito de lesiones agravadas del artículo 149 del CP, y lo condena a 8 años de prisión. La defensa del acusado pretende recurrir la sentencia ante la audiencia provincial, esgrimiendo que los hechos se deben calificar como un delito del art. 150 del CP, —castigado con una pena de prisión de 3 a 6 años— ya que se trata de un órgano no principal. Para defender su postura, el abogado de Inocencio se centra en el hecho de que Lucía conserva la visión en el otro ojo. ¿Prosperará su recurso?

No, según la doctrina unánime y pacífica del Tribunal Supremo, de la que se hace eco la STS n.º 753/2017, de 23 de noviembre, ECLI:ES:TS:2017:4190, el ojo se debe considerar un órgano principal, pues, *«(...) aún duales tienen su funcionalidad propia e independiente de su par, como los ojos, los oídos y pulmones.(...) Es sabido que visión binocular en relieve (estereopsis), que propicia ambos ojos conjuntamente, es clave para múltiples actividades de la vida diaria, como trabajos de precisión, una conducción segura o prácticas deportivas que exijan cálculo de distancias, apreciar la tecnología 3D, etc».*

|| La pérdida de sentidos a consecuencia de la lesión

El Tribunal Supremo ha empleado los siguientes criterios de interpretación del art. 149 del CP cuando el resultado de la lesión ha sido el menoscabo de alguno de los cinco sentidos.

- **Pérdida del tacto:** aunque nuestra jurisprudencia no suele valorar como resultado de un delito de lesiones la pérdida o inutilidad del sentido del tacto —debido a la dificultad de que se produzca con carácter general, ya que el sentido del tacto reside en todo el cuerpo— la **STS n.º 80/2015, de 6 de febrero, ECLI:ES:TS:2015:543**, aborda el caso de una persona invidente que sufrió graves lesiones en las manos al intentar defenderse de una agresión con arma blanca.

  En este caso, las secuelas del ataque —pérdida de movilidad y sensibilidad en las manos—, que impiden a la víctima deambular con bastón de ciego y caminar con ayuda de un perro lazarillo, fueron consideradas por el Supremo como equivalentes a la pérdida del sentido del tacto. La víctima, ciega desde los doce años, fue privada por el agresor de su única herramienta para suplir la falta de visión, y con ello de la posibilidad de evitar obstáculos y de salir al exterior con apoyo de un perro lazarillo.

  Toda vez que el tacto permite a las personas invidentes reconocer personas y objetos, «(...) *leer, tocar instrumentos musicales, escribir en un teclado o manejar un bastón que les posibilite cierta movilidad*», la pérdida de la sensibilidad de las manos supone para ellas una merma muy sustancial de funcionalidad que, en caso de ser definitiva, se deberá considerar penalmente como inutilidad.

- **Pérdida de la vista:** la doctrina de nuestros tribunales considera cada ojo como un órgano principal, con independencia de que existan dos. Así lo expresa la anteriormente citada **STS n.º 753/2017, de 23 de noviembre, ECLI:ES:TS:2017:4190**, que señala que «(...) *aún duales tienen su funcionalidad propia e independiente de su par, como los ojos, los oídos y pulmones*».

  La jurisprudencia equipara la pérdida de un miembro principal a la pérdida de su funcionalidad, pero de la anterior sentencia y de otras como la **STS n.º 119/2009, de 3 de febrero, ECLI:ES:TS:2009:882**, la **STS n.º 1495/2005, de 7 de diciembre, ECLI:ES:TS:2005:7458**, y la **STS n.º 715/2007, de 18 de septiembre, ECLI:ES:TS:2007:5841**, se infiere que, para aplicar el art. 149 del CP, no es necesaria la pérdida de total de la visión, sino que bastará con una perdida sustancial (80 %).

- **Pérdida del oído:** como ocurre con la pérdida de un ojo, la pérdida de audición en un solo oído, independientemente de que el otro funcione con normalidad, será suficiente para la subsunción de la lesión en el art. 149 del CP. Dado que se trata de un órgano principal que permite el ejercicio funcional de uno de los sentidos esenciales para la comunicación del ser humano con el mundo que le rodea, el sentido del oído es fundamental para su formación y desarrollo integral.

- **Pérdida del olfato:** la **STSJ de Castilla La Mancha n.º 28/2019, de 1 de octubre, ECLI:ES:TSJCLM:2019:2214,** parte del hecho probado de que, como resultado de la agresión, la víctima sufrió un traumatismo craneoencefálico que le dejó, como secuela, una hiposmia grave, trastorno del olfato que se manifiesta en la reducción parcial de la capacidad de percibir olores. Aunque la defensa de la acusación esgrime que, para aplicar el tipo agravado del art. 149 del CP, debe haber una pérdida o inutilidad total del sentido del olfato—anosmia—, la Sala recuerda que basta con la pérdida de eficacia funcional del olfato en virtud de un menoscabo sustancial. Eso sí, señala la sentencia que *«(...) la interpretación jurisprudencial aplicada requiere que el menoscabo funcional sea de carácter definitivo».*

- **Pérdida del gusto:** en la **SAP de Barcelona n.º 333/2021, de 27 de mayo, ECLI:ES:APB:2021:16633,** se reconoce el carácter de órgano principal de la lengua y se cataloga como inutilidad funcional la pérdida parcial del sentido del gusto: *«(...) ninguna duda cabe que la lengua es un órgano principal por sus funciones principalmente asociadas al sentido del gusto, como órgano encargado de la formación inicial del bolo alimenticio, la deglución y también las funciones asociadas al lenguaje y ello sin perjuicio de otras de relevancia personal o social.*

  (...) nos encontramos en presencia de una inutilidad funcional de la lengua como órgano principal y que podemos considerar como "sustancial". Asi, vemos que el Sr Cesareo ha pedido parcialmente el sentido del gusto para el dulce y salado y presenta dificultades para la elaboración del bolo alimenticio, secuelas que afectan de forma clara, directa y esencial a las funciones primordiales de la lengua».

|| Impotencia o esterilidad derivada de un delito de lesiones

Las lesiones que causaren impotencia y la esterilidad a la víctima son subsumibles en el tipo agravado del art. 149 del CP. En relación con la esterilidad, la **SAP de Pontevedra n.º 179/2017, de 24 de julio, ECLI:ES:APPO:2017:1780,** desestima el recurso interpuesto por el Ministerio Fiscal contra la sentencia que condenó en instancia a un médico especialista en urología por practicar erróneamente una vasectomía a un paciente que había acudido para someterse a una circuncisión y que posteriormente revertió la vasectomía mediante una segunda intervención . El Ministerio Fiscal rebate la conclusión de la juzgadora de instancia, que consideró que el daño causado no fue la esterilidad (art. 149 del CP) sino la pérdida de la funcionalidad de un miembro no principal (art. 150 del CP).

La Audiencia descarta la aplicación del art. 149 del CP, indicando que esta debe ser restrictiva, toda vez que los supuestos que justifican su aplicación son *numerus clausus*. En consecuencia, no cabe subsumir los hechos en el citado precepto, ya que «(...) *la intervención inconsentida no erradicó la capacidad del recurrente para producir un embarazo».* Según la sentencia, la vasectomía «*Afectó a su capacidad y posibilidad de producirlo por vía natural, sin ninguna ayuda externa , pero no a la de causarlo mediante técnicas reproductivas extrayendo los espermatozoides que su aparato reproductor seguía produciendo. (...); por tanto, en la medida en que el recurrente no perdió la capacidad de reproducirse y de tener descendencia habida cuenta de que no perdió la capacidad de producir espermatozoides aptos para ello, ni antes de la operación de vasovasostomía y menos aún tras la realización de ésta, con la cual recuperó la posibilidad de engendrar por vía natural, la esterilidad debe ser rechazada».*

|| Grave deformidad derivada de un delito de lesiones

A los efectos del art. 149 del CP, el concepto de «grave deformidad» hace referencia a aquellas alteraciones físicas causadas en una persona que afectan considerablemente su apariencia o funcionalidad y que resultan perceptibles o visibles de manera significativa ante terceros.

La gravedad de la deformidad implicará que la lesión producida no se limite a pequeñas cicatrices, marcas leves o cambios mínimos, sino que tenga un impacto relevante en la estética o la morfología corporal, afectando a la persona en sus relaciones sociales, laborales o familiares, o bien provoque un fuerte menoscabo de la integridad física o psíquica.

La determinación concreta de si una deformidad es grave se someterá a valoración judicial, teniendo en cuenta las circunstancias personales de la víctima, la extensión y localización de la alteración y el impacto real sobre su vida cotidiana, conforme a la interpretación de este precepto por los tribunales.

En conclusión, la «grave deformidad» a los efectos del artículo 149 del Código Penal es aquella **lesión que produce una alteración física evidente y relevante, capaz de repercutir de forma seria en la imagen o integridad de la víctima,** y que, por su entidad, justifica la aplicación de la pena de prisión prevista en dicho precepto.

Como expresa el Tribunal Supremo en su **STS n.º 275/2020, de 3 de junio, ECLI:ES:TS:2020:1948,** «*(...) no toda secuela que afecte al rostro deba inexorablemente rebasar el marco de la deformidad básica que sanciona el artículo 150 y se incluya en el ámbito de la «grave deformidad» que contempla el artículo 149 del Código Penal, que habrá de quedar reservado a los supuestos de degradaciones estéticas de singular y manifiesta relevancia y notoriedad que desfiguren el rostro de modo ostensible».*

Según la **STS n.º 426/2004, de 6 de abril, ECLI:ES:TS:2004:2373,** la deformidad debe entenderse como una pérdida permanente de sustancia corporal que, debido a su visibilidad, genera un perjuicio estético suficientemente relevante como para ser equiparado a la pérdida o inutilidad de un órgano o miembro no principal. Por su parte, la **STS n.º 76/2003, de 23 de enero, ECLI:ES:TS:2003:294,** define la deformidad como una «*(...) irregula-*

ridad física, visible y permanente que implique una desfiguración o fealdad ostensible a simple vista». Asimismo, la **STS n.° 321/2004, de 11 de marzo, ECLI:ES:TS:2004:1669**, señala que cuando la pérdida de sustancia corporal afecta de manera definitiva y relevante la morfología del cuerpo, especialmente en el rostro, el resultado es más grave, ya que impone al perjudicado una modificación negativa de su identidad, afectando no solo su integridad corporal o salud, sino también su propia identidad.

En cuanto a las posibles correcciones mediante cirugía reparadora, plástica o estética, la jurisprudencia ha establecido que estas no afectan la calificación jurídico-penal de la deformidad. Esto se debe a que dichas intervenciones no pueden ser impuestas a la víctima y no garantizan resultados favorables. Por lo tanto, las secuelas deben evaluarse según el estado del sujeto tras un proceso normal de curación, sin considerar las posibilidades de recuperación mediante intervenciones posteriores (**STS n.° 312/2014, de 4 de abril, ECLI:ES:TS:2014:1392**).

La doctrina moderna considera irrelevantes las circunstancias subjetivas de la víctima, como la edad, el sexo, la profesión o el ámbito social, para determinar la existencia de deformidad. Esto se fundamenta en que dichas circunstancias no disminuyen el desvalor del resultado, ya que el derecho a la propia imagen no depende del uso que la víctima pretenda hacer de esta. Estas características personales solo son relevantes para valorar el quantum de la indemnización, pero no para apreciar el concepto jurídico penal de deformidad (**STS n.°930/2013, de 3 de diciembre, ECLI:ES:TS:2013:5830**).

|| Grave enfermedad somática o psíquica derivada de un delito de lesiones

Ya sea una enfermedad de naturaleza física o mental, su gravedad se determinará con base en el impacto de esta en la salud del afectado.

|| Enfermedad grave a los efectos del artículo 149 del CP

Cuando la ley se refiere **a la causación de una enfermedad somática o psicológica**, los diferentes entes jurídicos consideran que dicho resultado debe revestir gravedad, atendiendo al riesgo, la duración y las limitaciones que implique. Asimismo, se debe valorar la gravedad del tratamiento requerido.

La **STS n.° 242/2013, de 1 de abril, ECLI:ES:TS:2013:1575**, declara no haber lugar al recurso de casación interpuesto, en el que la parte recurrente entiende que la enfermedad que el acusado contagió a la perjudicada debe ser considerada como grave a los efectos de la aplicación del artículo 149 del CP, en lugar de encuadrarse en el art. 147 del CP.

La recurrente argumenta que, aunque la enfermedad transmitida (hepatitis B) se curó sin secuelas en un plazo de sesenta días, con solo cinco días de hospitalización, debe considerarse como grave no solo por el resultado efectivamente producido, sino también por sus efectos potenciales. La hepatitis B puede derivar en una hepatopatía crónica e incluso en el fallecimiento, aunque este último resultado tiene una prevalencia estadística limitada (1 %) y afecta principalmente a personas seropositivas o inmunodeprimidas.

En el caso analizado, el acusado mantuvo varias relaciones sexuales con la recurrente sin advertirle que padecía dicha enfermedad ni tomar precauciones para evitar el contagio, que finalmente se produjo. Ante la ausencia de un criterio legal para determinar la causación de una enfermedad grave, se impone la adopción de un criterio jurisprudencial estricto y riguroso, considerando la importancia de la pena prevista y aplicando el principio de **proporcionalidad**. Este principio exige una equivalencia valorativa entre la enfermedad grave y otros resultados típicos previstos como agravantes en el Código Penal, tales como la pérdida de miembros u órganos principales, la deformidad grave, la impotencia o la esterilidad.

En el caso concreto, no concurren los requisitos necesarios para considerar la enfermedad como grave, ya que no se ha producido una enfermedad crónica, sino un brote agudo que se ha curado sin secuelas. Además, no existe una afectación física o psíquica permanente ni se ha visto comprometida la capacidad laboral de la perjudicada.

Sin embargo, en la STS n.º 129/2007, de 22 de febrero, ECLI:ES:TS:2007:901, la Sala considera enfermedad grave el traumatismo craneal provocado a la víctima, a consecuencia del cual le queda como secuela una epilepsia postraumática. Se trata de una enfermedad neurológica crónica, que supone para el afectado el sometimiento a un tratamiento farmacológico orientado a la evitación de las crisis, y que conlleva limitaciones en su vida, al tener que seguir concretos hábitos alimenticios. Además, se considera probado que la lesión ha provocado una incapacidad absoluta para el trabajo y que aparece unida a un trastorno de la personalidad, caracterizado por la tendencia a la irritabilidad y labilidad emocional

Concurso de delitos con el delito de lesiones con pérdida o inutilidad de un órgano o miembro principal

El concurso que vamos a analizar es el de **las lesiones dolosas con las lesiones imprudentes**, que ya fue tratado con anterioridad en el delito de lesiones básico. Este concurso aparece en supuestos donde una misma acción contiene dos componentes, uno doloso en lo que atañe a la acción agresora y a su resultado natural, frecuente o habitual, y un componente culposo o imprudente en lo que atañe al resultado más gravoso que resulta inhabitual o infrecuente, atendiendo al acto agresor y el riesgo que conllevaba.

Lo importante en este supuesto es determinar si la probabilidad de que se produzca ese resultado es elevada y entra por tanto dentro de lo probable, o si, por el contrario, es escasa y solo entra dentro de lo posible, y una vez aclarado esto se deberá determinar si el nivel de riesgo era conocido por el acusado en el momento de ejecutar la acción, y pese a ello la ejecuto aceptando el resultado.

Este criterio ha sido adoptado en diferentes casos como:

- Concurso ideal por pérdida de un ojo por recibir en la cara el impacto de un vaso arrojado desde un metro y medio de distancia (**STS n.º 1278/2006, de 22 de diciembre, ECLI:ES:TS:2006:7997**).

- Concurso ideal por pérdida de visión por lanzamiento a distancia de un vaso de cristal (**STS n.º 269/2007, de 29 de marzo, ECLI:ES:TS:2007:2388**).

- Concurso ideal por pérdida de visión en un ojo a consecuencia del lanzamiento de un vaso de cristal contra un grupo de jóvenes, impactando en el rostro de la víctima (**STS n.º 132/2015, 12 de marzo, ECLI:ES:TS:2015:1293**).

En los supuestos en los que se golpea directamente en la cara con un vaso u objeto de cristal, con fuerza suficiente para que se rompa y los cristales provoquen cortes que deriven en la pérdida de la visión del ojo, se apreciarán simplemente lesiones dolosas, ya que la rotura del vaso es altamente probable, y por ende la posibilidad de que los fragmentos de cristal provoquen cortes en el rostro y en los ojos del ofendido, con riesgo cierto de provocar la pérdida total del ojo, o de la visión de este.

El elemento subjetivo del delito de lesiones agravadas con pérdida de miembro principal

El elemento subjetivo del tipo delictivo, en general, se refiere a la **intención** o voluntad del autor de cometer el delito, conocida como «dolo». El dolo puede ser directo, cuando el autor busca provocar el resultado delictivo, o eventual, cuando el autor prevé la posibilidad del resultado y lo acepta. En algunos casos, también puede existir culpa, que implica negligencia o imprudencia en la conducta del autor.

En particular, la comisión del delito previsto en el art. 149 del Código Penal será dolosa —entendiendo este dolo como *animus laedendi* o intención de menoscabar la integridad física o estética de la víctima— o gravemente imprudente.

Delito doloso de lesiones agravadas con pérdida de miembro principal

La jurisprudencia de nuestro Alto Tribunal, en sentencias como la **STS n.º 1026/2007, de 10 de diciembre, ECLI:ES:TS:2007:8327** o la **STS n.º 61/2013, de 7 de febrero, ECLI:ES:TS:2013:469**, se ha pronunciado sobre la naturaleza del dolo en la comisión de los delitos de los arts. 149 y 150 del CP —lesiones con pérdida de órgano o miembro principal y no principal, respectivamente—, aclarando que, para poder subsumir las lesiones en los tipos de los arts. 149 y 150 del Código Penal:

- **No basta con la existencia de un dolo genérico** o indeterminado de lesionar, sino que es necesario que concurra, al menos, dolo eventual respecto del resultado agravado determinante de la cualificación. Este dolo eventual no se referirá al conocimiento y voluntad del sujeto de producir el resultado en su sentido jurídico, sino en su sentido natural, previéndolo y aceptándolo.

- **Es suficiente la concurrencia de dolo eventual en el autor, sin que quepa exigir un dolo directo o específico.** Tal como indica el Supremo en dichas resoluciones, la supresión de la expresión *«de propósito»* —incluida en los artículos 418 y 419 del antiguo CP, de 1973— viene a confirmar que esa es la voluntad del legislador del vigente CP de 1995.

Mutilación genital femenina: ¿opera en estos casos el error de prohibición como excluyente del dolo?

Frente a la imputación de dolo, como elemento subjetivo del delito que implica el conocimiento y la voluntad de realizar la conducta antijurídica, la persona acusada podrá alegar **error de prohibición**, que implica la falta de conocimiento del autor sobre la ilicitud de su conducta: quien actúa bajo un error de prohibición invencible, no puede tener conciencia de la ilicitud de su acción, lo que excluye el dolo; si el error es vencible, el dolo no se excluye completamente, pero la culpabilidad se atenúa.

Según aclara el Supremo, en la **STS n.º 835/2012, de 31 de octubre, ECLI:ES:TS:2012:7827**, *«(...) se produce el error de prohibición cuando el autor cree que actúa lícitamente»* y no cabe extenderlo a los supuestos en los que el autor:

- Crea que la sanción penal era de menor gravedad.
- Desconozca la norma concreta infringida.

En relación con el delito agravado de lesiones por pérdida de miembro principal, la citada **STS n.º 835/2012, de 31 de octubre, ECLI:ES:TS:2012:7827**, desestima el recurso interpuesto por una pareja contra la sentencia que los condenó por un delito de **lesiones por la mutilación genital** de su hija mediante la **ablación del clítoris**. Los recurrentes argumentaron que la mutilación de los genitales de las mujeres es una práctica ancestral en su país, y que con dicha acción no buscaban menoscabar la integridad física de su hija, sino cumplir con una costumbre que facilita la integración de la niña en su comunidad. Asimismo, los acusados alegaron error de prohibición, si bien, la Sala consideró que el padre, plenamente integrado en la sociedad española y conocedor de la prohibición, no podía invocar dicha figura exculpatoria; respecto de la madre, se apreció error de prohibición vencible, por desconocer la ilicitud del acto.

Delito imprudente de lesiones agravadas con pérdida de miembro principal

El delito previsto en el art. 149 del CP admite su comisión por imprudencia grave, que será **objetivamente valorada** según:

- La **magnitud de la infracción del deber objetivo de cuidado o de diligencia** en que incurre el autor, directamente vinculada al grado de riesgo no permitido o no controlado (si el autor tuviera el deber de neutralizar los riesgos que afectan al bien jurídico, ya deriven de la conducta de terceros o de circunstancias casuales).

> **A TENER EN CUENTA**. El nivel de riesgo permitido viene determinado por el grado de utilidad social de la conducta del autor: a mayor utilidad social, mayores niveles de riesgo permitido.

- La **importancia del bien jurídico amenazado** por la conducta imprudente (a mayor valor del bien jurídico amenazado, menor será el nivel de riesgo aceptado, y mayor será el deber de cuidado).

Tales aspectos se analizan en la **STS n.º 464/2016, de 31 de mayo, ECLI:ES:TS:2016:2584**, en la que el Tribunal aprecia imprudencia grave en la actuación del acusado, ya que *«(…) no cabe duda alguna de que el riesgo no permitido era relevante; la conducta del acusado no tenía ninguna utilidad social; y el bien jurídico amenazado y después menoscabado era de suma importancia»*.

Asimismo, la gravedad de la imprudencia será **subjetivamente valorada** en función del **grado de previsibilidad o cognoscibilidad de la situación de riesgo** (a mayor previsibilidad o cognoscibilidad del peligro, mayor exigencia del deber de cuidado, y mayor gravedad de su vulneración).

En el supuesto de la anteriormente citada **STS n.º 464/2016, de 31 de mayo, ECLI:ES:TS:2016:2584**, la imprudencia también se considera grave desde la perspectiva subjetiva, pues el acusado lanzó una botella al rostro de la víctima, siendo conocedor del riesgo de provocarle lesiones graves, en caso de que la botella alcanzara una zona sensible, como los ojos. Es indistinto que el autor no se represente dicho resultado como probable, o que no pretenda causarlo. Bajo este razonamiento, el Tribunal aprecia un concurso ideal entre los delitos de lesiones básicas dolosas, y lesiones agravadas cometidas por imprudencia.

10.
EL DELITO DE LESIONES CON PÉRDIDA DE UN MIEMBRO NO PRINCIPAL

Análisis del artículo 150 del Código Penal: delito de lesiones con pérdida de un miembro no principal

El delito de lesiones, recogido en el artículo 147 del Código Penal y siguientes, tiene como **bien jurídico protegido** la integridad y la salud tanto física como psíquica, entendida tanto en su dimensión corporal como funcional y estética.

Dentro de este tipo de delitos se encuentra el **delito de lesiones con pérdida de un miembro no principal** (artículo 150 del Código Penal), que contempla **una de las formas cualificadas** por el resultado, en que la gravedad de la afectación sufrida por la víctima justifica una respuesta penal más severa. Dicho precepto dice así: «*El que causare a otro la pérdida o la inutilidad de un órgano o miembro principal, o la deformidad, será castigado con la pena de prisión de tres a seis años*». Se trata, por tanto, de un tipo agravado del delito de lesiones, aunque se sitúa en un nivel intermedio en relación con las lesiones muy graves del artículo 149 del Código Penal, que sanciona el supuesto con pérdida de un órgano o miembro principal o una grave deformidad con la pena de seis a doce años.

Este aumento de la pena responde a la voluntad del legislador de graduar el resultado lesivo atendiendo a la importancia anatómica o funcional del órgano o miembro afectado y a las consecuencias permanentes que pueda originar en la víctima.

El **elemento objetivo** de este delito es la acción típica de causar la pérdida o inutilidad de un órgano o miembro no principal, o una deformidad. Se debe causar una lesión cualificada por un resultado grave y permanente, con afectación funcional o estética de carácter relevante.

El **elemento subjetivo** requiere dolo (directo o eventual), pero abarca el conocimiento del riesgo de causar una lesión grave. Cabe también la imprudencia grave o menos grave, sancionada por el artículo 152 del Código Penal con la pena de prisión de seis meses a dos años o multa de tres meses a doce meses, respectivamente.

La **consumación** de este delito se entenderá realizada con la efectiva pérdida, inutilidad o deformidad del miembro no principal.

Respecto al **concurso con el delito de lesiones con pérdida de miembro no principal**, es frecuente que exista concurso de delitos con el delito de lesiones con pérdida de miembro no principal. En efecto, la acción lesiva puede concurrir con delitos como el de lesiones imprudentes, detención ilegal y/o violencia familiar, tal y como se ha explicado en apartados anteriores.

¿Qué se entiende por «miembro no principal» en el delito de lesiones?

Es evidente que la distinción entre miembro principal y no principal reviste especial importancia para la correcta aplicación del tipo penal, ya que determina la gravedad jurídica del resultado lesivo y, por ende, la pena aplicable.

Así pues, se entenderá como miembro no principal aquel cuya pérdida o inutilidad no suponga una disminución sustancial de las capacidades físicas o sensoriales esenciales del individuo, afectando gravemente a la autonomía personal o a funciones vitales. Dicho de otra forma, se trata de partes del cuerpo cuya pérdida o deformidad no provocan una alteración relevante en la vida cotidiana de la víctima, impidiéndole desarrollar actividades básicas con normalidad.

En la práctica, la determinación de carácter principal o no de un miembro, además de tomar en cuenta las valoraciones médicas, atenderá a la valoración jurídica, debiendo ponderar el juez: la funcionalidad perdida y la repercusión en la vida cotidiana.

En concusión, cuando la afectación recae sobre partes del cuerpo de **menor relevancia funcional, aunque con un notable perjuicio físico o estético**, se calificará el supuesto dentro del artículo 150 del Código Penal.

CUESTIONES

1. ¿Son consideradas las manos como un miembro principal? ¿Y los dedos de la mano?

La jurisprudencia del Tribunal Supremo recoge como, criterios de calificación del tipo penal, que la mano es un miembro principal y los dedos y las falanges son miembros no principales, tal y como se detalla en la STS n.º 531/2014, de 17 de junio, ECLI:ES:TS:2014:2841: «*En la Sentencia no 557/2013 de 1 de julio, hemos admitido que no es encuadrable en el artículo 150 del Código Penal la mera pérdida de movilidad en la articulación interfalángica, que allí diferenciábamos de la amputación de una falange. Porque, en efecto, como recordábamos en nuestra STS no 188/2006 de 24 de febrero, citando la Sentencia TS no 1541/2002, de 24 de septiembre, la pérdida de un dedo o de la falange de un dedo, de forma reiterada se ha estimado como supuesto incluido en el tipo descrito en el actual art. 150 CP. Basta con recordar que la mano es miembro principal y el dedo o una de sus falanges, se ha estimado por esta Sala constitutivo de pérdida de miembro no principal –SSTS de 2 de octubre de 1972, 16 de febrero de 1990–. Más en concreto, la amputación de la primera falange del dedo anular de la mano izquierda ha sido estimado por esta Sala como deformidad –SSTS de 15 de noviembre de 1907, 8 de abril de 1954, 19 de noviembre de 1966*».

2. ¿Si tras la amputación de una falange esta puede reinsertarse, se sigue apreciando este tipo delictivo?

Sí, tal y como establece la ya mencionada STS n.º 531/2014, de 17 de junio, ECLI:ES:TS:2014:2841 (y la STS n.º 880/2013, de 25 de noviembre, ECLI:ES:TS:2013:5719 y las allí citadas, entre otras), es reiterada la jurisprudencia que advierte que «(...) la reparabilidad de la secuela, se haya llevado a cabo o no la reparación, cualesquiera que sean las razones del caso, es algo posterior a la consumación del delito e intra scendente para su tipificación». Lo mismo recuerda la STS n.º 851/2013, de 14 de noviembre, ECLI:ES:TS:2013:5703, cuando dicta: «(...) el carácter permanente de la deformidad no se desvirtúa por la posibilidad de su corrección posterior, pues la restauración no puede ser obligatoria para el perjudicado y su posible corrección no elimina el resultado típico - SSTS de 27 de diciembre 2005; 6 de octubre 2010 y 30 de junio 2011-».

3. ¿Son las piezas dentarias miembros principales o no principales?

Las piezas dentarias se consideran miembros no principales, de acuerdo con lo establecido por el pleno no jurisdiccional de la Sala 2.ª del Tribunal Supremo de 19/04/2022: «*La pérdida de incisivos u otras piezas dentarias, ocasionada por dolo directo o eventual, es ordinariamente subsumible en el art. 150 CP. Este criterio admite modulaciones en supuestos de menor entidad, en atención a la relevancia de la afectación o a las circunstancias de la víctima, así como a la posibilidad de reparación accesible con carácter general, sin riesgo ni especiales dificultades para el lesionado. En todo caso, dicho resultado comportará valoración como delito, y no como falta*».

La pérdida e inutilidad de un miembro no principal en el delito de lesiones

La pérdida y la inutilidad de un miembro no principal constituyen resultados típicos alternativos del artículo 150 del CP y su delimitación es especialmente relevante en la práctica, para determinar si los hechos corresponden al artículo mencionado o, por el contrario, encajan en la conducta del artículo 147 del CP.

La **pérdida** se refiere a la desaparición total o parcial de un miembro u órgano, implicando su supresión física, observable y objetivamente constatable. Por ejemplo, la amputación de un dedo, una falange o una oreja serían supuestos de pérdida de miembro no principal.

Por otro lado, la **inutilidad** supone la pérdida total o sustancial de la capacidad funcional de un miembro u órgano no principal, aunque este permanezca anatómicamente íntegro. Por ejemplo, la parálisis muscular del tobillo que genere imposibilidad o grave dificultad para la deambulación.

Cabe resaltar que **se equipara la pérdida física con la pérdida funcional**, de manera que, la inutilidad produce el mismo efecto jurídico que la amputación. Aún con todo, no toda disminución funcional constituye inutilidad, sino que esta última debe de ser: muy elevada o sustancial, permanente o de carácter estable y que impida o dificulte gravemente el uso normal del órgano o miembro afectado. Tal y como expresa la sentencia del Tribunal Supremo n.º 423/2020, de 23 de julio, ECLI:ES:TS:2020:2911: «*(...) la inutilidad ha de entenderse como la imposibilidad o grave dificultad, de valerse del órgano o miembro de que se trate, quedando así equiparada la pérdida material del órgano o miembro a la pérdida de su funcionalidad, bien en-*

tendiendo que solo es relevante la inutilidad cuando es muy elevada . Así las SSTS 402/2002, de 8-3; 898/2002, de 22-5, precisan que la inutilidad parcial ha sido asimilada a la pérdida, por la jurisprudencia de la Sala, en los supuestos en que aquella es muy elevada, o sea, siempre que sea de tal relevancia que impida o dificulte notoriamente su ejercicio o cumplimiento de la función propia del órgano o miembro». Igualmente, la STS n.º 912/2021, de 24 de noviembre, ECLI:ES:TS:2021:4247, establece que «(...) la ecuación normativa , la equivalencia que el legislador establece entre una y otra pérdida (anatómica y funcional), nos pone ya sobre la pista de que esta última debe resultar significativa. Si fácilmente se comprende **que se equipare la pérdida física del miembro o del órgano con su inutilidad (pérdida funcional), es razonable concluir que ello se producirá cuando dicha disminución de la funcionalidad del miembro determine su completa inutilidad o disminuya sensiblemente la misma**, no, en cambio, cuando comporte una limitación de menor entidad, que permite que el miembro siga pudiendo reputarse útil, funcional, aunque solo fuera de un modo parcial pero relevante» y usa este ejemplo ilustrativo: «No puede considerarse, por ejemplo, equivalente a la pérdida de un ojo (miembro principal, en este caso), una disminución o limitación funcional, cuando ello supusiera una reducción, pongamos del 2%, de capacidad visual; mientras que la equiparación se sostendrá argumentalmente por sí sola, si la limitación funcional alcanzara a un 90% de la capacidad visual. En el primer caso, el ojo continúa siendo útil, apenas resulta serlo ya en el segundo».

CUESTIONES

1. ¿La leve pérdida de la movilidad en los dedos, se considera inutilidad?

No, tal y como expresa la sentencia del Tribunal Supremo n.º 912/2021, de 24 de noviembre, ECLI:ES:TS:2021:4247, para aplicar el artículo 150 del CP la inutilidad funcional debe de ser sustancial y la deformidad, aunque visible y permanente, debe poseer cierta entidad relevante; no toda alteración estética o limitación menor lo es. Por tanto, en el caso de la limitación mínima de los dedos (como es en el caso la limitación en los últimos grados de flexión/extensión del meñique), conservando la funcionalidad y sin afectar a sus tareas laborales y siendo la repercusión estética escasa, no podrá considerarse dentro del tipo penal del artículo 150 del CP, sino en el tipo básico del artículo 147 del CP, conforme a una interpretación restrictiva de la norma.

2. ¿Si la pérdida de funcionalidad permite seguir desarrollando las funciones laborales, se aprecia inutilidad?

Sí, ya que no es necesario que la víctima quede imposibilitada para todo tipo de trabajo o actividad, pues lo relevante es el menoscabo de suficiente entidad en las funciones del miembro no principal. La sentencia del Tribunal Supremo n.º 219/2022, de 17 de febrero, ECLI:ES:TS:2022:3204A, resuelve un supuesto en el que tras una disputa personal, la víctima resultó con graves daños en los dedos de ambas manos (además de otras lesiones) provocándole una **inutilidad funcional que le impide o dificulta gravemente el ejercicio de la propia función del miembro**. Se declara probado que la víctima no puede realizar movimientos finos, coger objetos pesados o practicar deportes con las manos (aunque sí podía seguir desarrollando su actividad laboral como Guardia Civil), por tanto, concurre una pérdida de funcionalidad muy elevada y, en consecuencia, el hecho se subsume en el artículo 150 del CP.

|| Deformidad de un miembro no principal

La jurisprudencia del Alto Tribunal define la **deformidad** como aquella *«(...) irregularidad física, visible y permanente que suponga desfiguración o fealdad ostensible a simple vista. También como toda irregularidad física permanente que conlleva una modificación corporal de la que pueden derivarse efectos sociales o convivenciales negativos (STS núm. 35/2001, de 22 de enero y 1517/2002, de 16 de septiembre)».* (STS n.º 883/2016, de 23 de noviembre, ECLI:ES:TS:2016:5137). A mayores, establece que *«la alteración física tenga una cierta entidad y relevancia, excluyéndose las alteraciones o secuelas que, aun siendo físicas, indelebles y sensibles, carecen de importancia por su escasa significación antiestética, siendo por ello necesario que la secuela tenga suficiente entidad cuantitativa para modificar peyorativamente el aspecto físico del afectado».* Por ejemplo, cicatrices, pérdida de incisivos u otras piezas dentarias, desviación de la nariz...

Por tanto, los **elementos** para considerar la deformidad son:
- **Afeamiento**. Una alteración visible de la estética del cuerpo.
- **Permanencia**. Debe constar el carácter duradero de la alteración, aunque pueda ser corregida posteriormente.
- **Valoración global**. Debe considerarse el número, la extensión y la localización de las alteraciones. A mayores, la valoración debe considerarse **tras un periodo curativo normal** (SSTS n.º 330/2016, de 20 de abril, ECLI:ES:TS:2016:1804 y n.º 428/2019, de 26 de septiembre, ECLI:ES:TS:2019:3190, entre otras).

Aún con todo, la sentencia del Tribunal Supremo n.º 912/2021, de 24 de noviembre, ECLI:ES:TS:2021:4247, advierte sobre la **diferenciación de la deformidad de la grave deformidad**: *«La dicotomía que el legislador emplea en la redacción de los comentados preceptos* [artículos 149 y 150 del CP] *(deformidad/grave deformidad) no debe, sin embargo, confundirnos. No en el sentido de que entendamos que cualquier alteración estética, visible y permanente (en tanto no desaparecerá previsiblemente por sí sola), cuando no pudiera ser considerada como deformidad grave, necesariamente provocará la aplicación del artículo 150 del Código, concebido, en aquel entendimiento, como una suerte de precepto residual».* Y lo ilustra de la siguiente manera: *«Quien, como consecuencia de una agresión dolosa, además del tratamiento médico correspondiente y una vez alcanzada la sanidad, mantuviera como secuela una cicatriz de medio centímetro en una de sus manos, visible por descontado y sin que fuera esperable su futura desaparición, vería peyorativamente modificado su aspecto externo; pero el autor no sería condenado a la luz de las previsiones del artículo 150 del Código Penal (deformidad). Si esto se acepta, ello obliga a considerar, junto a los dos contemplados por el legislador, un tercer grupo de supuestos que, aun imponiendo al lesionado una modificación permanente y perjudicial de su imagen, no solo no serían constitutivos de grave deformidad (artículo 149) sino que tampoco colmarían las exigencias del artículo 150, quedando residenciadas en el tipo básico del delito de lesiones, sin perjuicio de que la relativa gravedad de las mismas y la resultancia de ese signo externo permanente, hubiera de ser tomada en* *cuenta para individualizar, dentro del marco previsto en el artículo 147.1 del Código Penal, la sanción imponible al autor. Podríamos hablar así, solo para entendernos, de una suerte de "deformidades livianas", insuficientes para desbordar los límites del tipo básico de lesiones».*

Por tanto, podemos concluir que la gravedad depende de la entidad estética y funcional de las secuelas, de tal forma que la **grave deformidad** implicará repercusiones funcionales severas o pérdida de la armonía corporal esencial (SSTS n.° 634/2003, de 6 de mayo, ECLI:ES:TS:2003:3068, n.° 321/2004, de 11 de marzo, ECLI:ES:TS:2004:1669, y n.° 150/2006, de 16 de febrero, ECLI:ES:TS:2006:1046, entre otras); en cambio, la **simple deformidad** solo afectará a la apariencia, sin alterar de modo sustancial la función del órgano o miembro (STS n.° 426/2004, de 6 de abril, ECLI:ES:TS:2004:2373).

CUESTIONES

1. Si la deformidad corporal puede taparse con la ropa, ¿se sigue considerando como tal?

Sí, la STS n.° 430/2010, de 28 de abril, ECLI:ES:TS:2010:2440, resuelve un supuesto similar, en el que el acusado causa heridas con una navaja a la víctima, provocándole dos cicatrices, una de ellas con importantes perjuicios estéticos. El acusado alega que la cicatriz no era visible por estar normalmente tapada por la ropa y que, por tanto, no debe considerarse un perjuicio estético ni deformidad relevante. El TS rechaza el argumento recordando su propia jurisprudencia: la deformidad a efectos jurídico-penas es cualquier «(...) *irregularidad física, visible y permanente que suponga desfiguración o fealdad ostensible (SSTS de 14 de mayo de 1987, 27 de septiembre de 1988 y 23 de enero de 1990). También como toda irregularidad física permanente que conlleva una modificación corporal de la que pueden derivarse efectos sociales o convivenciales negativos (Sentencias 35/2001, de 22 de enero, y 1517/2002, de 16 de septiembre)».* Incluso una cicatriz normalmente cubierta por la ropa puede ser considerada deformidad si tiene relevancia y altera la configuración corporal de la víctima, siempre que sea de cierta entidad y permanencia. Por tanto, la visibilidad pública no es un requisito del tipo penal.

2. ¿Cabe apreciar circunstancias subjetivas de la víctima —como, por ejemplo, su profesión, edad o sexo— para valorar la deformidad?

Es cierto que anteriormente estas circunstancias sí eran tenidas en cuenta para apreciar la deformidad, en cambio, «*(...) la moderna doctrina considera a éstos como irrelevantes para establecer el concepto de deformidad porque no disminuye el desvalor del resultado, cualquiera que sea la edad, el sexo, la ocupación laboral o el ámbito social en que se desenvuelve el ofendido, toda vez que el derecho de éste a la propia imagen no depende del uso que la víctima pretende hacer de ésta, de suerte que estos matices subjetivos que concurran en el caso enjuiciado* **deberán ser valorados a la hora de determinar o graduar el 'quantum' de la indemnización,** *pero no influyen en el concepto jurídico penal de la deformidad (SSTS 2/2007, 16 de enero, 691/1994, 22 de marzo y 173/1995, 27 de febrero) que deberá ser apreciada con criterio unitario atendiendo al resultado objetivo y material de la secuela, pero con independencia de la condición de la víctima y sus peculiaridades personales».* (STS n.° 428/2019, de 26 de septiembre, ECLI:ES:TS:2019:3190).

3. ¿Las pérdidas dentarias constituyen deformidad o pérdida de miembro no principal?

La jurisprudencia del TS considera que la pérdida de piezas dentarias, especialmente de los incisivos, **constituye ordinariamente una deformidad típica del** artículo 150 del CP, conforme al Acuerdo del Pleno no jurisdiccional de la Sala

Segunda del Tribunal Supremo, de 19 de abril de 2002. Dicho acuerdo establece que la «*pérdida de incisivos u otras piezas dentarias, ocasionada por dolo directo o eventual, es ordinariamente subsumible en el artículo 150 CP*». Aun con todo, admite modulaciones en los casos de menor entidad, atendiendo a la relevancia de la afectación, las circunstancias personales de la víctima y a la posibilidad de reparación accesible sin riesgo ni especial dificultades.

Igualmente, el TS ha señalado que la posibilidad de reparación protésica o quirúrgica no elimina el carácter típico de la deformidad, salvo que se trate de una reparación habitual, generalizada y sin riesgo (en cuyo caso puede reconducirse al tipo básico del artículo 147 del CP, en aplicación del principio de proporcionalidad), y que la mera rotura de piezas dentarias no equivale a su pérdida definitiva (STS n.º 92/2013, de 12 de febrero, ECLI:ES:TS:2013:752).

4. ¿Pueden considerarse las cicatrices como deformidad?

Por lo general, suelen considerarse deformidad, siempre que las cicatrices sean visibles y permanentes. Además, deben de tener un claro efecto antiestético. Cabe mencionar que la sentencia del Tribunal Supremo n.º 312/2014, de 4 de abril, ECLI:ES:TS:2014:1392, resalta que «*(...) el carácter mínimo o insignificante de la lesión excluyente del concepto de "deformidad" debe ser aplicado con criterios especialmente rigurosos y restrictivos cuando la alteración afeante, visible e indeleble se localiza en el rostro de la víctima (STS de 10 de febrero de 1.992)*». En conclusión, pueden considerarse a las cicatrices como deformidad del artículo 150 del Código Penal, siempre que cumpla los requisitos de: ser visible, ser permanente y tener un impacto estético relevante. La localización en el rostro refuerza su carácter deformante y, para ser considerada como grave deformidad (artículo 149 del Código Penal), debe desfigurar gravemente el rostro.

En el caso concreto de la sentencia mencionada, se considera una cicatriz de 2 cm. en el rostro como «deformidad estética moderada», encajando en el tipo penal del artículo 150 del CP. Cita esta sentencia, además, otros casos que encajan en dicho tipo delictivo, como las cicatrices de 4x2 en párpados y ceja, cicatriz de 13 cm. en hemicara izquierda, cicatrices de 6 y 4 cm. en labio superior y región malar, cicatriz de 7 cm. desde la mejilla hasta la oreja...

Por último, en la sentencia n.º 110/2008, de 20 de febrero, ECLI:ES:TS:2008:680, se expresa que la jurisprudencia ha venido considerando, también, que las cicatrices permanentes deben incluirse en el concepto de deformidad, incluso, con independencia de la parte del cuerpo afectada, siempre que siendo visibles tengan relevancia y alteren la configuración del sujeto pasivo.

Análisis jurídico del dolo en el delito de lesiones graves

El estudio del tipo subjetivo del delito de lesiones ya ha sido analizado en apartados anteriores pero, en este caso, nos centraremos en el tipo delictivo del artículo 150 del Código Penal, ya que es de especial importancia diferenciar las conductas intencionales de las meramente imprudentes.

Se entiende por dolo la conciencia y voluntad del sujeto activo de causar un resultado lesivo, y determina la gravedad de la sanción. En las lesiones graves (art. 150 del CP) el **dolo puede manifestarse de forma directa o eventual**. Por ejemplo, se considera dolo directo que, durante una pelea, alguien corte deliberadamente la oreja de la víctima; en cambio, se considera dolo eventual el lanzar un plato de cristal durante una discusión, aceptando que pudiera impactar en la otra persona.

> **JURISPRUDENCIA**
>
> **Sentencia del Tribunal Supremo n.° 452/2017, de 21 de junio, ECLI:ES:TS:2017:2518**
>
> *«La jurisprudencia de esta Sala, SSTS. 1064/2005 de 29.9 , 936/2006 de 10.10 , 1026/2007 de 10.12 , 61/2013 de 7.2, tiene declarado, en primer lugar la supresión por el legislador de la expresión "de propósito" que figuraba en los art. 418 y 419 del Código Penal 1973, sustituida en los arts. 149 y 150 del Código Penal 1995 por la más genérica "causare a otro", ha suscitado el consenso doctrinal y jurisprudencial (SSTS. 316/99 de 5.3 , 1160/2000 de 30.6 , 1564/2001 de 2.5 , 2143/2001 de 14.11 , 876/2003 de 31.10), en el sentido de que el Nuevo Código Penal **no exige en estos tipos delictivos un dolo directo o específico, siendo suficiente para su aplicación que el resultado esté abarcado por el dolo eventual.***
>
> *En segundo lugar, es aceptado, que no es admisible un delito de lesiones cualificado por el resultado y que por tanto no basta para la aplicación de estos preceptos un dolo genérico o indeterminado de lesionar, sino que es necesario que concurra, al menos, dolo eventual respecto del resultado agravado determinante de la cualificación. Ahora bien, ha de precisarse que la sanción por **dolo eventual no requiere que el conocimiento y voluntad del sujeto abarquen la producción del resultado en su sentido jurídico,** que constituye una mera cuestión de "subsunción" ajena a la subjetividad del agente, **sino el resultado en su sentido natural, que es lo que necesariamente tuvo que prever y aceptar el acusado, dada la alta probabilidad de que se ocasionase».***

Los **elementos** del dolo son los siguientes:

- **Elemento cognoscitivo o intelectual.** Hace referencia al conocimiento del autor de la naturaleza de su conducta y sus posibles consecuencias, es decir, el autor debe ser consciente de que su conducta puede causar un daño, en este caso, la pérdida o inutilidad de un órgano o miembro principal o su deformidad. Por ejemplo, quien pisotee la mano de la víctima de forma repetida es consciente de que puede provocarle daños graves, aunque no busque su incapacidad total.

- **Elemento volitivo o de voluntad.** Hace referencia a la aceptación por parte del autor del resultado lesivo o de su voluntad de generarlo. Puede manifestarse de forma directa (intención de causar el daño) o de forma eventual (aceptación del riesgo de que el resultado puede ocurrir).

- **Elemento de representatividad o de previsibilidad del resultado.** El autor debe tener la capacidad necesaria para prevenir que sus acciones provocarán un resultado dañoso, en este caso, la pérdida o inutilidad de un miembro no principal o su deformidad.

Estos elementos permiten distinguir el dolo de la imprudencia, ya que en esta última el daño ocurrirá por negligencia o descuido, sin que haya intención ni aceptación del resultado.

La imprudencia en el delito de lesiones graves

En el delito del artículo 150 del Código Penal también puede apreciarse imprudencia. A diferencia del dolo, la imprudencia no supone la intención o el conocimiento del resultado lesivo, sino que se caracteriza por la ausencia de voluntad de causar daño, existiendo un comportamiento descuidado que se entiende como generador del riesgo. Por ejemplo, el manejo de maquinaria peligrosa sin seguir las normas de seguridad, que provoca la pérdida de un dedo de un compañero, es una conducta imprudente.

La imprudencia puede ser **grave o leve**, dependiendo del grado de descuido y del riesgo creado, tal y como expresa la literalidad del artículo 152 del Código Penal: «*El que por imprudencia grave causare alguna de las lesiones previstas en los artículos anteriores será castigado, en atención al riesgo creado y el resultado producido*». Por ejemplo, podría considerarse imprudencia grave el dejar un cuchillo carnicero afilado en el borde de la mesa y que, al pasar un compañero, este lo roce sin querer y caiga sobre su pie, amputándole un dedo. Por otro lado, imprudencia leve se consideraría el hecho de que un operario, al cerrar mal una tapa de la maquinaria de embalar, provocase que su compañera se cortase levemente el dedo al accionar dicha máquina.

Por último, el Alto Tribunal establece que la imprudencia se valorará desde un punto de vista externo, considerando la conducta y sus riesgos, no solo la intención del autor. Además, cuanto mayor utilidad social tenga la conducta, mayor será la tolerancia al riesgo; y cuanto mayor sea el valor del bien jurídico protegido, menor será el riesgo permitido.

JURISPRUDENCIA

Sentencia del Tribunal Supremo n.º 464/2016, de 31 de marzo, ECLI:ES:TS:2016:2584

«(...) una imprudencia grave, pues *la gravedad de la imprudencia se determina, desde una perspectiva objetiva o externa*, con arreglo a la magnitud de la infracción del deber objetivo de cuidado o de diligencia en que incurre el autor, magnitud que se encuentra directamente vinculada al grado de riesgo no permitido generado por la conducta activa del autor con respecto al bien que tutela la norma penal, o, en su caso, al grado de riesgo no controlado cuando tiene el deber de neutralizar los riesgos que afecten al bien jurídico debido a la conducta de terceras personas o a circunstancias meramente casuales. El deber de permisión del riesgo se encuentra determinado, a su vez, por el grado de utilidad social de la conducta desarrollada por el autor (a mayor utilidad social mayores niveles de permisión de riesgo). Por último, ha de computarse también la importancia o el valor del bien jurídico amenazado por la conducta imprudente: cuanto mayor valor tenga el bien jurídico amenazado menor será el nivel de riesgo permitido y mayores las exigencias del deber de cuidado».

CUESTIONES

1. ¿Tirar un cigarrillo encendido y causar un incendio (y lesiones graves a causa de este), constituye imprudencia?

La SAP de Baleares n.º 3/2022, de 30 de septiembre, ECLI:ES:APIB:2022:2430, resuelve un caso en el que se condena a un hombre por provocar un incendio al tirar al suelo un cigarro encendido en un edificio de Ibiza, causando con este acto un fuego que se propagó rápidamente y ocasionó la muerte de una persona y lesiones graves a otras tres, además de daños materiales. Se condena al hombre como autor de un delito de incendio por imprudencia grave, en concurso ideal con el delito de lesiones imprudentes y el de homicidio imprudente.

La sentencia enfatiza sobre la imprudencia grave, y no dolosa, de la conducta del condenado, ya que el autor, aunque sin intención, omitió las precauciones objetivamente exigibles dada la situación. El tribunal considera probada la grave imprudencia por parte del acusado, argumentando que en este caso no existe dolo, ya que el sujeto «*no actuó con la intención de causar el incendio ni sus efectos*».

2. ¿Tirar un objeto contundente en una pelea (sin intención de dañar), se considera delito doloso?

La STSJ de Madrid n.º 328/2025, de 15 de julio, ECLI:ES:TSJM:2025:10083, resuelve un caso en el que se condena a una mujer como autora del delito de lesiones imprudentes graves. Los hechos ocurren durante una pelea en la que, tras coger un cinturón del suelo, la mujer lo lanzó de forma violenta hacia atrás, impactando la hebilla en el ojo de la víctima, la cual sufrió graves lesiones oculares irreversibles. La defensa alegó la inexistencia de dolo insistiendo en que no tuvo la acusada voluntad ni intención de causar daño o prever el resultado producido. El tribunal considera probado que la conducta de la acusada constituyó imprudencia grave, basada en la ausencia total de cuidado al lanzar de forma violenta un objeto parcialmente peligroso (un cinturón con hebilla metálica) en el contexto de una pelea, lo que generó un riesgo evidente para los presentes. Argumenta que «*(...) la imprudencia grave se define como "la dejación más intolerable de las conductas fácticas que debe controlar el autor, originando un riesgo físico que produce el resultado dañoso (...)*», implicando un olvido absoluto de las normas elementales de previsión y cuidado. Por tanto, concluye la sentencia que, arrojar un objeto punzante en tales circunstancias hace previsible un resultado lesivo. Aunque la conducta rayaba el dolo eventual, se ha optado por la imprudencia grave en favor de la acusada.

11.
LOS DAÑOS MORALES EN EL DELITO DE LESIONES

La indemnización por el daño moral en el delito de lesiones

La reparación del daño causado por un delito constituye una dimensión esencial de la responsabilidad penal y civil derivada del ilícito. En el ámbito del delito de lesiones no solo se atiende al daño físico directamente producido, sino también a las consecuencias morales o psíquicas generadas en la víctima.

El artículo 109 del Código Penal establece que: «*La ejecución de un hecho descrito por la ley como delito obliga a reparar, en los términos previstos en las leyes, los daños y perjuicios por él ocasionados.*». A mayores, el artículo 110 del Código Penal establece que dicha responsabilidad comprende: la restitución, la reparación del daño y la **indemnización** de perjuicios materiales y **morales**. Así pues, este último supuesto del daño moral constituye un perjuicio extrapatrimonial y puede manifestarse en formas muy variadas como el sufrimiento emocional, la angustia, la pérdida de la calidad de vida, la afectación de la dignidad, la perturbación en el desarrollo personal, etc. Este tipo de circunstancias suelen ser frecuentes en el delito de lesiones, especialmente cuando concurren elementos de especial violencia y/o humillación o cuando las secuelas provocan una afectación emocional especialmente relevante.

La indemnización por daño moral en el ámbito penal cumple la **función de ser compensatoria**. Así es que la indemnización busca resarcir el daño moral causado (aunque sea de forma simbólica o aproximada) como consecuencia del hecho delictivo. No se pretende reestablecer la situación anterior en sentido estricto debido a que el sufrimiento, la angustia y la afectación psicológica en general no son plenamente reparables ni tampoco constan de una reparación patrimonial directamente correspondiente. Por tanto, este mecanismo busca aliviar el agravio sufrido, dotando a la víctima de un reconocimiento económico proporcional al perjuicio no material padecido.

Para poder analizar la cuestión de la indemnización del daño moral debemos atender en primer lugar a las siguientes cuestiones previas:

- El **daño moral** se entiende como aquel menoscabo no patrimonial sufrido por la víctima, con afectación en su esfera emocional, dignidad, integridad psíquica y/o reputación.

- Su **cuantificación** no se basa en reglas aritméticas, sino que se deja a la valoración discrecional del tribunal de instancia, conforme a criterios de equidad, gravedad del hecho y repercusión en la víctima.

- Los **intereses legales moratorios** deben ser solicitados y se devengan desde la primera reclamación (judicial o extrajudicial).

- Los **intereses legales procesales**, conforme a lo establecido por el artículo 576 de la LEC, se aplican de oficio desde la sentencia en primera instancia con el interés legal incrementado en dos puntos.

Es importante resaltar que la indemnización por daño moral **no es revisable en casación salvo en supuestos tasados**. Tal y como expone la sentencia del Tribunal Supremo n.º 126/2013, de 20 de febrero, ECLI:ES:TS:2013:620: «(...) *la indemnización de daños y perjuicios derivados de un ilícito penal doloso (...) que realice el Tribunal de instancia, fijando el alcance material del quantum de las responsabilidades civiles, por tratarse de un criterio valorativo soberano, más que objetivo o reglado, atendiendo a las circunstancias personales, necesidades generadas y daños y perjuicios realmente causados, daño emergente y lucro cesante,* **no puede, por regla general, ser sometida a la censura de la casación**. *Es decir que la cantidad indemnizatoria únicamente será objeto de fiscalización en casación cuando: a) existe error en la valoración de las pruebas que hubieran determinado la fijación del "quantum" indemnizatorio, indemnizando conceptos no susceptibles de indemnización o por cuantía superior a la acreditada por la correspondiente prueba de parte; y b) que se indemnice por cuantía superior a la solicitada por las partes, en virtud del principio acusatorio que rige nuestro Derecho Procesal Penal, y del principio de rogación y vinculación del órgano jurisdiccional a la petición de parte que rige en el ejercicio de acciones civiles, bien independientes, bien acumuladas a las penales correspondientes*». (SSTS n.º 105/2005, de 29 de enero, ECLI:ES:TS:2005:421 y n.º 131/2007, de 16 de febrero, ECLI:ES:TS:2007:1930, entre otras).

Por otro lado, para determinar la cuantía de la indemnización, la jurisprudencia del TS ha aceptado el uso del **baremo de accidentes de circulación de forma orientativa**, ya que «*(...) nada se opone a que un minucioso contenido sea tenido en cuenta por los tribunales como regla orientativa tal como ha realizado el tribunal de instancia con un incremento al alza en atención a que se trataba de un delito doloso y ello por razones de estricta justicia pues las lesiones dolosas tienen un plus de aflicción que las causadas por imprudencia. En casos dolosos la jurisdicción penal no tiene limitado normativamente en quantum indemnizatorio, dado que lo que se indemniza son las consecuencias perjudiciales debidas a una acción criminal dolosa que, sin duda, comporta un claro plus de perversidad y la consiguiente acentuación del daño moral en quien lo padece*». (STS n.º 195/2017, de 24 de marzo, ECLI:ES:TS:2017:1196). En el mismo sentido se pronuncia la STS n.º 181/2017, de 22 de marzo, ECLI:ES:TS:2017:1068, cuando dice: «*El baremo introducido por la Disposición Adicional 8 de la Ley 30/95 de Ordenación y Supervisión de los Seguros Privados, actualmente incluido en el Texto Refundido de la Ley sobre responsabilidad civil y seguro en la circulación de vehículos a motor aprobado por Real Decreto Legislativo 8/2004, de 29 de octubre* *(en su redacción dada por la Ley 35/2015, de 22 de septiembre), no es obligatorio en sucesos distintos de los de circulación, y por tanto* **no resulta de imperativa aplicación cuando estamos ante delitos dolosos.** *No obstante,* **nada impide que pueda operar como referente** *en relación con las indemnizaciones que se deben acordar en casos de delitos intencionales (SSTS 856/2003, 104/2004, 1207/2004, 437/2005 de 8 de abril, 822/2007 de 23 de junio, 356/2008 de 4 de junio, 613/2009 de 2 de junio, 916/2009 de 22 de septiembre o 153/2013 de 6 marzo). La STS 153/2013, de 6 de marzo, recuerda que tiene además declarado esta Sala (ver por todas STS 186/2006, de 23 de febrero) que no existe ninguna razón para que las lesiones causadas dolosamente sean indemnizadas en menor cuantía que la prevista legal o reglamentariamente para las causadas por culpa en accidente de circulación, habiendo llegado a proclamarse que el Tribunal puede fijar la responsabilidad civil libremente en atención a la circunstancias del caso, pero no puede conceder una cantidad menor por un homicidio o asesinato doloso de la que correspondería por un homicidio imprudente sin justificarlo adecuadamente en la sentencia (STS n.º 822/2005, de 23 de junio, ECLI:ES:TS:2005:4149)».*

‖ Principio de rogación

El **principio de rogación** es un pilar fundamental del proceso civil, extensible al ejercicio de la **acción civil derivada del delito en el proceso penal.** Conforme a dicho principio, no podrá el órgano judicial conceder ni más de lo solicitado por las partes (*ultra petita*) ni tampoco algo diferente de lo solicitado por estas (*extra petita*). Este principio se fundamenta en el carácter dispositivo del proceso judicial, por el cual corresponderá a las partes la determinación del objeto del litigio (tanto en su vertiente fáctica como en la económica). Así pues, cuando se ejercita la acción civil dentro del proceso penal, esta se rige por los principios del proceso civil y, por ende, por el principio de rogación.

En la STS n.º 452/2014, de 4 de junio, ECLI:ES:TS:2014:2334, podemos observar cómo se estima el recurso en el que se alega que la indemnización por lesiones supera la cantidad solicitada por las acusaciones, vulnerando el principio acusatorio. Podemos destacar el siguiente fragmento de la sentencia: «*El tribunal ha tratado de justificar el incremento aludido con la aplicación del baremo. Pero lo cierto es que el principio de rogación que rige en la materia, dada su naturaleza civil, impone un techo representado por la solicitud de las partes que reclaman. Que no puede ser desbordada en su cuantía, pues en tal caso se produciría la subrogación implícita del tribunal en la posición de aquellas, por ese plus, con la consiguiente desnaturalización del carácter de este aspecto de la relación procesal y pérdida de la posición de equidistancia que debe connotar al juzgador*». Así pues, el TS sentencia que la indemnización por lesiones no puede superar lo solicitado por las partes acusadoras, debiendo respetarse el principio de rogación que rige en materia civil.

> **CUESTIÓN**
>
> **¿Puede el tribunal conceder una indemnización por daño moral aunque no haya sido solicitada expresamente por las partes?**
>
> En base al principio de rogación, en un primer momento, parecería no poder realizarse dicho supuesto, ya que el tribunal estaría concediendo una indemnización

no solicitada por las partes (*ultra petita*). Sin embargo, cabe analizar la sentencia n.º 347/2017, de 17 de mayo, ECLI:ES:TS:2017:1973 sobre esta cuestión. En la sentencia se resuelven los recursos contra la sentencia que condena por el delito de lesiones. Se consideran hechos probados que, tras una discusión en las inmediaciones de una discoteca, el demandado agredió a la víctima con puñetazos y patadas, haciéndole caer al suelo. Posteriormente, la víctima ya alejada del lugar de los hechos sufrió una caída por un desnivel de tres metros. La sentencia reconoce las diversas lesiones sufridas, pero no es posible determinar si fueron causadas por la agresión o por la posterior caída. Así pues, al no poder concretarse las indemnizaciones por lesiones y secuelas, la Audiencia Provincial condena al pago de 3.000€ en concepto de daños morales (además de condenar al autor). El condenado recurre alegando la indebida concesión de daños morales (entre otros). El recurso fue desestimado, ya que las acusaciones ejercieron la acción civil, pidiendo indemnización por las lesiones y secuelas físicas, aunque no pidieron de forma expresa la indemnización por daños morales. Sin embargo, el tribunal concede esta última por considerar que los hechos acreditados (la brutalidad de la agresión) justificaban el menoscabo, que el daño moral forma parte del pronunciamiento civil derivado del delito (artículo 109 del Código Penal y artículo 110 del Código Penal) y que, además, la cuantía concedida es menor a la global solicitada por las acusaciones.

Así pues, en este supuesto no se vulnera el principio de rogación ya que lo concedido está dentro del marco de lo pedido (la reparación civil deriva del delito). Aunque no se especificara el concepto del daño moral, este se entiende incluido en la pretensión civil global ejercitada. A mayores, entra en juego el principio de *iura novit curia* («el juez conoce el Derecho»), por el cual puede el tribunal calificar jurídicamente los hechos, incluso si las partes no lo hacen correctamente, siempre que se mantenga dentro del marco fáctico y cuantitativo de lo pedido.

‖ Responsabilidad solidaria derivada del delito de lesiones

Por último, cabe hacer referencia a la cuestión de **responsabilidad solidaria**, una figura jurídica a través de la cual podrá el perjudicado reclamar la totalidad de la indemnización a cualquiera de los responsables del hecho delictivo, cuando hayan sido varios los participantes en la creación del daño. El apartado 1 del artículo 116 del Código Penal así lo establece: «*Toda persona criminalmente responsable de un delito lo es también civilmente si del hecho se derivaren daños o perjuicios*». Esta figura descansa en la idea de la **unidad del hecho dañoso**, justificando así que todos los intervinientes respondan por «el todo» y, entre ellos, puedan después repetir internamente en función de su grado de participación. De esta forma se protege el interés de la víctima de asegurarse el pleno resarcimiento de los perjuicios sufridos, evitando que tenga que litigar en varios procesos separados correspondientes a cada uno de los causantes del daño. De la misma manera, se protege el equilibrio procesal, evitando situaciones de enriquecimiento injusto.

CUESTIÓN

¿Existe responsabilidad solidaria si proviene de varias resoluciones judiciales derivadas de procedimientos distintos?

La sentencia del Tribunal Supremo n.º 50/2019, de 4 de febrero, ECLI:ES:TS:2019:337, resuelve un supuesto de lesiones graves en el que intervienen dos personas: un hombre, mayor de edad, y su hijo menor (juzgado este último en procedimiento distinto, ante la jurisdicción de menores). Ambos sujetos participaron en una agresión conjunta contra la víctima, la cual sufrió lesiones de especial gravedad, incluyendo una incapacidad permanente total. El hombre recurre en casación alegando que existe una duplicidad del cobro de la indemnización por parte de la víctima, ya que se dictaron condenas indemnizatorias en dos resoluciones judiciales separadas. El tribunal estima el recurso y establece un criterio claro y coherente con la doctrina de la responsabilidad solidaria, de tal forma que sentencia que la condena del hombre debe de entenderse solidaria con la ya impuesta a su hijo en la jurisdicción de menores, correspondiente a las lesiones juzgadas en ambos procesos. Por tanto, la víctima no podrá recibir dos veces la misma cantidad, sino que podrá reclamar en su totalidad a cualquiera de los dos condenados la cantidad, pero solo en una ocasión. Igualmente, el resto de los conceptos indemnizatorios no contemplados en el procedimiento de menores deberá ser abonado exclusivamente por el padre agresor.

ANEXO I.
CASOS PRÁCTICOS

Caso práctico | ¿Puede negarse que se haya cometido un delito de lesiones si no hay tratamiento prolongado para la cura de la lesión?

PLANTEAMIENTO

¿La prescripción de analgésicos tras una herida en la cara constituye tratamiento médico a efectos de aplicar el delito de lesiones previsto en el artículo 147 del Código Penal? ¿Es necesario un tratamiento médico prolongado para que los hechos sean considerados delito de lesiones?

RESPUESTA

La sentencia del Tribunal Supremo n.º 463/2014, de 28 de mayo, ECLI:ES:TS:2014:2264, resuelve un caso en el que se consideran hechos probados los siguientes: el condenado, tras un altercado previo, realizó a la víctima un corte en la cara con un cúter, produciéndole una herida inciso-cortante de 17 centímetros. La defensa alegó que la herida solo requirió exploración diagnóstica y analgésicos, y que ello no constituye un tratamiento médico importante o prolongado, por lo que la conducta no debería calificarse como delito de lesiones del artículo 147 del Código Penal.

El Tribunal Supremo, tras analizar el concepto de «tratamiento médico» a efectos penales, rechaza la alegación de la defensa. Declara que **no es exigible un tratamiento prolongado, sino que es suficiente con que la lesión requiera un tratamiento posterior a la primera asistencia facultativa para su curación, lo que puede incluir prescripción de medicamentos (como los analgésicos que se usan en este caso) si responde a criterios médicos objetivos**.

Así pues, El Tribunal considera que la intervención médica, la exploración de la herida y la prescripción de analgésicos para asegurar una recuperación no dolorosa de una lesión de entidad relevante constituyen tratamiento médico a efectos del artículo 147 del CP, no siendo necesario que el tratamiento sea intensivo ni duradero.

De esta manera, el Tribunal desestima el recurso, confirmando que la atención médica recibida cumple los requisitos jurisprudenciales para entender que existe tratamiento médico y, por tanto, los hechos son delito de lesiones conforme al artículo 147 del Código Penal.

Caso práctico | ¿Se pueden indemnizar los daños morales por lesiones en una agresión en un partido de fútbol escolar?

PLANTEAMIENTO

Durante un partido de fútbol entre equipos juveniles, un menor, actuando como portero, propina un puñetazo en el rostro a un jugador contrario, causándole una fractura nasal que requiere tratamiento médico y hospitalización. Así pues, el menor es condenado por un delito de lesiones.

¿Puede ser condenado a indemnizar moralmente (además de los daños físicos) por las agresiones cometidas? ¿Responden igualmente sus padres de forma solidaria? ¿Cómo se determina el importe de las indemnizaciones?

RESPUESTA

Sí, un menor puede ser condenado a indemnizar a la víctima de una agresión y sus padres responderán solidariamente. Además, el juez tiene discrecionalidad para fijar la cuantía de la indemnización por daños y perjuicios, al no resultar necesariamente aplicable el baremo de accidentes de tráfico en estos supuestos.

Tal y como recoge el caso resuelto por la sentencia del Tribunal Supremo n.º 407/2011, de 11 de mayo, ECLI:ES:APB:2011:5156, se confirma la condena al menor que agredió a un compañero durante un partido de fútbol, imponiéndole medidas de prestación de servicios en beneficio de la comunidad y la obligación de indemnizar al perjudicado en la cantidad de 1.200 euros. Además, se condena solidariamente a la madre del menor, en calidad de representante legal.

El tribunal especifica que, en delitos dolosos como el delito de lesiones, el juez es soberano a la hora de fijar la cuantía de la indemnización, sin estar estrictamente vinculado al baremo previsto para accidentes de tráfico, ya que este solo sería orientativo. De esta forma, la indemnización que se fija incluye los días de hospitalización e impedimento (calculados conforme a criterios razonables).

En apelación, la acusación particular solicitó una cantidad adicional específicamente en concepto de daños morales. Esta petición es desestimada, argumentando que no concurren circunstancias excepcionales que justifiquen una mayor compensación. Se considera suficiente la indemnización ya fijada por los días de hospitalización e impedimento.

En definitiva, en situaciones estándar de lesiones sin circunstancias agravantes, no procede acumular una indemnización adicional por daños morales a la ya concedida por daños materiales y, además, confirma la responsabilidad solidaria del menor agresor y su madre en el pago de la indemnización.

Caso práctico | ¿Proponer causar lesiones a otra persona a cambio de dinero, es delito aunque no se ejecute finalmente?

PLANTEAMIENTO

La persona acusada, muy afectada porque su marido ha ingresado en prisión y atribuye la causa a terceras personas, contacta a través de intermediarios con varios individuos. Ofrece una suma considerable de dinero a dichos individuos a cambio de que agredan físicamente a quienes considera culpables, manifestando claramente su objetivo de causarles lesiones graves. Les proporciona detalles, fotografías e incluso razona sobre el precio y la forma de ejecutar la agresión. Finalmente, la ejecución no llega a materializarse, ya que los individuos no actúan.

¿Constituye delito la conducta de la persona que propuso las lesiones?

RESPUESTA

Sí, la conducta descrita constituye delito de proposición para cometer delito de lesiones, tipificado en el apartado 2 del artículo 17 del Código Penal en relación con el artículo 151 del Código Penal.

La sentencia del Tribunal Supremo n.º 308/2014, de 24 de marzo, ECLI:ES:TS:2014:1450, resuelve este supuesto, decretando que es punible el hecho de proponer de modo serio y concreto a terceras personas la comisión de lesiones, incluso aunque la agresión finalmente no se realice ni la propuesta sea aceptada.

El Alto Tribunal exige para poder apreciar la proposición los siguientes **requisitos**:

- Que exista una invitación dirigida a otro(s) para ejecutar un delito, siendo dicha **propuesta seria y concreta**. «En el caso actual, la seriedad de la propuesta es manifiesta, va acompañada de una proposición de pago por una cantidad importante (20.000 euros), de la foto de las víctimas, de una explicación de las razones que justifican la acción (venganza), de la concreción del daño a realizar ("yo no quiero que cortes los árboles de las raíces, sólo dejarles alguna minusvalía de por vida, destrozarles la vida"), etc., por lo que su seriedad y eficacia es notoria. La percepción por parte de la persona a la que se realiza la proposición es clara: "yo ya entiendo lo que quieres, no quieres que los elimine, sino hacerles algo". En la conversación entre los dos hombres que reciben la proposición de lesionar a las víctimas se habla claramente de que "con dos palizas los dejamos fritos". Se trata de una invitación precisa, concreta, convincente y persuasiva».

- Que el **proponente tenga resuelta la comisión del delito**. «Es indiferente que el proponente vaya o no a participar. La sentencia de esta Sala de 29 de noviembre de 2002 ya expresó que el proponente puede pedir a los terceros que ejecuten el hecho delictivo en su compañía o en su sustitución».

- Que la **ejecución del delito todavía no haya comenzado**.

- Que los **destinatarios sean idóneos** y no tengan previamente la intención de cometer el delito. «Consta que las dos personas invitadas a cometer los delitos de lesiones no tenían previamente intención alguna de realizarlos, ni siquiera conocían a las presuntas víctimas».

- Que la **acción sea objetivamente peligrosa para el bien jurídico protegido** (es decir, la integridad física y psíquica de las personas).

Así pues, el TS sostiene que la proposición es independiente de que los destinatarios acepten o no la invitación, equiparándola a una inducción frustrada, y adelantando la barrera de protección penal frente al bien jurídico protegido. Por tanto, la simple proposición para cometer delitos de lesiones es sancionada conforme al artículo 151 del Código Penal.

Caso práctico | ¿Una fractura nasal se considera deformidad a efectos penales?

PLANTEAMIENTO

La demandante sufrió agresiones que le provocaron una fractura en los huesos propios de la nariz, con un resalte óseo visible en la base de la pirámide nasal, además de dolor a la palpación y dificultades respiratorias permanentes en la fosa nasal izquierda. El demandado alega que dicha lesión es simplemente una irregularidad estética menor, que no llega a ser una deformidad penalmente relevante.

REPUESTA

La fractura nasal con resalte óseo visible sí se considera una deformidad a efectos penales.

De acuerdo con lo dictaminado por la sentencia del Tribunal Supremo n.º 330/2016, de 20 de abril, ECLI:ES:TS:2016:1804, la interpretación del artículo 150 del Código Penal (delito de lesiones con deformidad de un miembro no principal) exige que la deformidad consista en una imperfección estética permanente, que altere la armonía facial y sea objetivamente visible, sin necesidad de grave desfiguración o fealdad, siempre que sea perceptible por terceros y tenga carácter duradero. Además, este criterio se ve reforzado si la lesión afecta a una función física esencial, como sucede en este caso con la función respiratoria.

Por tanto, el tribunal confirma el carácter de deformidad de un resalte óseo nasal que resultaba apreciable incluso a cierta distancia, por ende, se aplica el tipo penal del artículo 150 del Código Penal.

Caso práctico | ¿Causar lesiones tras disparar un arma con intención intimidatoria, se considera dolo o imprudencia?

PLANTEAMIENTO

Una persona, para intimidar a dos mujeres, dispara desde el interior de su vehículo un arma de fuego apuntando a sus piernas y pies. Los disparos impactan en ellas, causándoles lesiones graves. El tirador afirma que su intención no era causarles lesiones, sino únicamente intimidarlas. ¿Cabe calificar esta conducta como delito doloso o como imprudente?

RESPUESTA

La STS n.º 1062/2009, de 19 de octubre, ECLI:ES:TS:2009:6879, resuelve que disparar un arma de fuego con supuesta intención intimidatoria, pero causando finalmente lesiones graves, constituye un delito doloso, y no imprudente.

El TS argumenta que, aunque el autor no buscara intencionadamente dañar a las víctimas, al disparar en su dirección acepta conscientemente la posibilidad de causarles un resultado lesivo, especialmente si los disparos se realizan a corta distancia y con posibilidades reales de alcanzar a las personas. Este comportamiento encaja, como mínimo, en el dolo eventual, pues el autor conoce el peligro inherente a su acción y no renuncia a ejecutarla, asumiendo el resultado lesivo como posible consecuencia de sus actos. Además, el uso de un arma de fuego cargada, dirigida contra las víctimas a corta distancia y de manera clara hacia sus extremidades inferiores, en ausencia total de provocación o peligro para el autor, es incompatible con la mera imprudencia.

La sentencia insiste en que «(...) el dolo eventual no se excluye simplemente porque el resultado no haya sido deseado por el autor», y que, quien actúa conociendo el riesgo específico que genera y aceptando la producción del daño, responde por dolo, no por imprudencia.

Caso práctico | ¿Cómo se penan las lesiones leves infligidas a la exesposa?

PLANTEAMIENTO

Pedro y Lucía, mayores de edad, mantienen una acalorada discusión en la vía pública. Pedro, en un momento de ira, empuja a Lucía y le da un bofetón que le produce una inflamación leve en la mejilla y una pequeña herida en el labio. Lucía acude a un centro sanitario, donde le realizan una limpieza de la herida y le aconsejan aplicar hielo y tomar analgésicos si tiene dolor, sin ser necesario ningún tratamiento médico o quirúrgico adicional. El parte médico indica que no ha requerido puntos de sutura ni seguimiento médico posterior. Lucía interpone denuncia.

1. ¿En qué tipo penal encajan las lesiones? ¿Qué consecuencia jurídica correspondería? Para responder, analizamos dos escenarios diferentes:

- Escenario A: Lucía es expareja de Pedro.
- Escenario B: Lucía es una mujer sin ninguna relación con Pedro.

2. ¿Qué elementos determinan la distinción entre delito leve de lesiones y el delito específico de violencia de género?

RESPUESTA

1. **Las lesiones leves se encuadran en el art. 147 del CP, apartado 2**. Son aquellas que solo requieren una primera asistencia o tratamiento facultativo mínimo, sin necesidad de intervención médica o quirúrgica relevante ni seguimiento.

Escenario A, donde la víctima es expareja de Pedro

En este caso, es de aplicación el art. 153 del CP, que castiga las lesiones leves causadas en contextos de violencia de género. En virtud del citado precepto, la provocación de lesiones leves a la que sea o haya sido compañera sentimental del autor, se considera un delito específico de violencia de género, agravado respecto al delito leve ordinario. La consecuencia jurídica será de:

- Prisión de 6 meses a 1 año o trabajos en beneficio de la comunidad de 31 a 80 días.
- Prohibición de tenencia y porte de armas de 1 año y 1 día a 3 años (en todo caso).
- Inhabilitación para el ejercicio de la patria potestad, tutela, curatela, guarda o acogimiento hasta 5 años (cuando el juez o tribunal lo estime adecuado al interés del menor o persona con discapacidad necesitada de especial protección, por ejemplo, si la pareja tuviera hijos menores).

En este supuesto, no es necesaria la denuncia de la víctima para la persecución del delito.

Escenario B, donde la víctima es una mujer sin relación alguna con Pedro

Aquí la conducta no encaja en el artículo 153 del CP, por ser ajena al ámbito de la violencia de género, pero sí en el delito leve de lesiones del art. 147.2 del CP. La consecuencia jurídica será de multa de 1 a 3 meses, previa denuncia de la víctima.

2. Diferencias fundamentales

- La **relación entre agresor y víctima** es el factor central diferenciador:

  - Si existe una relación de pareja actual o pasada, o relación de análoga afectividad, se aplica el régimen agravado y específico del art. 153 del CP.

  - Si no existe relación sentimental, se aplica el tipo general de delito leve de lesiones del art. 147.2 del CP.

- Las **penas** también son diferentes:

  - Prisión o trabajos en beneficio de la comunidad y otras inhabilitaciones en violencia de género.

  - Multa en el caso general.

- El requisito de **denuncia previa.** Mientras en el ámbito de la violencia de género no se exige denuncia previa de la víctima, esta sí es necesaria para la persecución del delito leve de lesiones en el resto de supuestos.

En conclusión, una misma conducta puede recibir distinta calificación penal dependiendo del vínculo entre agresor y víctima: si existe o existió una relación sentimental, se aplicará el delito agravado de violencia de género (art. 153 del CP); en otros casos, se sancionará como delito leve de lesiones (art. 147.2 del CP), lo que evidencia la especial protección penal en el ámbito familiar y de pareja.

Caso práctico | ¿Existe notoria gravedad en el desplome de una grada a efectos del delito de lesiones por imprudencia grave?

PLANTEAMIENTO

Durante un evento deportivo en el que se congregan numerosas personas en un pabellón, el responsable técnico del montaje de la estructura de la grada omite comprobar la resistencia de varios elementos de soporte, pese a que existían evidentes señales de deterioro. A consecuencia de esa falta de revisión, una parte significativa de la grada se desploma durante el acto, causando lesiones graves (que requieren tratamiento médico o quirúrgico u originan pérdida de función en algún miembro) a ocho asistentes.

El Ministerio Fiscal aprecia la comisión de un delito de lesiones imprudentes graves (art. 152.1 del CP). Debido a la pluralidad de víctimas y la gravedad de las lesiones ¿podría ser considerado un hecho de notoria gravedad conforme al artículo 152 bis del Código Penal?

RESPUESTA

Sí. De acuerdo con el artículo 152 bis del CP, el juez podrá aplicar una pena superior en uno o dos grados a los delitos de lesiones imprudentes graves (regulados en el art. 152.1 CP) cuando los hechos revistan notoria gravedad, en función de:

- La entidad y relevancia del riesgo creado. En este supuesto, la grada mostraba señales de deterioro y se trataba de un evento multitudinario, situación en la que es palpable el riesgo de causar lesiones graves a muchas víctimas.

- El deber normativo de cuidado infringido. Existe un incumplimiento grave del deber objetivo de cuidado, ya que el responsable técnico omitió una **comprobación esencial**.

- El número de personas lesionadas. Se produjeron **lesiones graves a ocho** personas, señalando la **STS n.º 344/2022, de 6 de abril, ECLI:ES:TS:2022:5245**, que, por un número «muy elevado» de víctimas cabe entender a más de cinco.

Por tanto, nos encontramos ante un hecho de notoria gravedad conforme al artículo 152 bis del CP, y consecuentemente, el órgano jurisdiccional, mediante resolución motivada, podrá aplicar una pena superior en dos grados a la prevista para el delito de lesiones imprudentes graves, refiriéndose a lo dispuesto en los arts. 147.1, 149 y 150 del CP, por existir una notoria gravedad debida al número muy elevado de víctimas y a la especial peligrosidad de la conducta.

La aplicación de este precepto tiene como finalidad reforzar la protección penal frente a actuaciones especialmente peligrosas o negligentes que tengan consecuencias lesivas graves para un colectivo, como ocurre en el presente supuesto.

ANEXO II.
FORMULARIOS

Denuncia por delito de lesiones

A TENER EN CUENTA. Por la reforma operada por la LO 1/2025, de 2 de enero, una vez implantados de forma efectiva los tribunales de instancia (D.T. 1.ª), todas las referencias realizadas a los juzgados unipersonales se entenderán hechas a las secciones del orden jurisdiccional correspondiente de los tribunales de instancia.

AL JUZGADO DE INSTRUCCIÓN DE [LOCALIDAD] **QUE CORRESPONDA/A LA SECCIÓN DE INSTRUCCIÓN DEL TRIBUNAL DE INSTANCIA DE** [LOCALIDAD] **(1)**

D./D.ª [NOMBRE_PROCURADOR_CLIENTE], Procurador/a de los Tribunales, en nombre y representación de D./D.ª [NOMBRE_CLIENTE], con domicilio en esta ciudad [DOMICILIO_CLIENTE], y provisto/a de DNI número [DNI_CLIENTE] lo que acredito mediante escritura de poder general para pleitos, para su unión a los autos por copia testimoniada con devolución de aquélla, previo testimonio en autos, con la asistencia del/de la Letrado/a D./D.ª [NOMBRE_ABOGADO_CLIENTE], con n.º de colegiado/a [NUMEROCOLEGIADO_ABOGADO_CLIENTE] como más procedente sea en Derecho, ante el Juzgado/la Sección comparezco y

DIGO

Que, por medio del presente escrito y de conformidad con el artículo 265 de la Ley de Enjuiciamiento Criminal, vengo a formular **DENUNCIA** contra D./Dña. [NOMBRE_PARTE_CONTRARIA], con DNI [DNI_PARTE_CONTRARIA] y domicilio a efectos de notificaciones [DOMICILIO_PARTE_CONTRARIA], por un **DELITO DE LESIONES** con base en los siguientes,

HECHOS

PRIMERO: El día [DÍA] de [MES] de [AÑO], sobre las [HORA] hora, D./Dña. [NOMBRE_PARTE_CONTRARIA] circulaba conduciendo una bicicleta por la carretera [NÚMERO] con dirección a [LUGAR], cuando empotró la bicicleta contra D./Dña. [NOMBRE_CLIENTE], los hechos acontecieron de la siguiente forma [DESCRIPCIÓN].

SEGUNDO: Una vez ocurrido la colisión, D./Dña. [NOMBRE_PARTE_CONTRARIA], se disculpó admitiendo su error.

TERCERO: A consecuencia de la colisión sufrida, D./Dña. [NOMBRE_CLIENTE] recibió la asistencia médica de urgencia ese mismo día en el Hospital [NOMBRE], donde se determinó que tenía/sufría [DESCRIPCIÓN_LESIONES], por lo que debería recibir el tratamiento [DESCRIPCIÓN]. Se adjunta el parte médico de urgencias que se acompaña como documento n.º [NÚMERO].

Como consecuencia de las lesiones padecidas en el accidente, D./Dña. [NOMBRE_CLIENTE] estuvo en dicho tratamiento desde el [DÍA] de [MES] de [AÑO], al [DÍA] de [MES] de [AÑO].

FUNDAMENTOS DE DERECHO

Los citados hechos podrían ser constitutivos de un DELITO DE LESIONES, tipificado en el artículo 147 del Código Penal, que establece que el que, por cualquier medio o procedimiento, causare a otro una lesión que menoscabe su integridad corporal o su salud física o mental, será castigado como reo del delito de lesiones con la pena de prisión de tres meses a tres años, siempre que la lesión requiera objetivamente para su sanidad, además de una primera asistencia facultativa, tratamiento médico o quirúrgico. La simple vigilancia o seguimiento facultativo del curso de la lesión no se considerará tratamiento médico.

Por lo expuesto,

SUPLICO AL JUZGADO/A LA SECCIÓN:

Que teniendo por presentado este escrito con sus copias y documentos que lo acompañan, se sirva admitir la presente **DENUNCIA** y acordar la tramitación de la misma con la mayor urgencia, así como investigar los hechos denunciados con el fin de esclarecer la eventual responsabilidad penal que pueda derivarse de los mismos.

En [LOCALIDAD] a [DÍA] de [MES] de [AÑO].

Fdo.: [FIRMA_CLIENTE]
Letrado/a D./D.ª

[NOMBRE Y FIRMA LETRADO/A]

Procurador/a D./D.ª

[NOMBRE Y FIRMA PROCURADOR/A]

---

(1) Por la reforma operada por la LO 1/2025, de 2 de enero, una vez implantados de forma efectiva los tribunales de instancia (D.T. 1.ª), todas las referencias realizadas a los juzgados unipersonales se entenderán hechas a las secciones del orden jurisdiccional correspondiente de los tribunales de instancia.

Querella por delito de lesiones

A TENER EN CUENTA. Por la reforma operada por la LO 1/2025, de 2 de enero, una vez implantados de forma efectiva los tribunales de instancia (D.T. 1.ª), todas las referencias realizadas a los juzgados unipersonales se entenderán hechas a las secciones del orden jurisdiccional correspondiente de los tribunales de instancia.

AL JUZGADO DE INSTRUCCIÓN NÚMERO [NUMERO]
DE [LOCALIDAD]**/A LA SECCIÓN DE INSTRUCCIÓN DEL
TRIBUNAL DE INSTANCIA DE** [ESPECIFICAR] **(1)**

Don/Doña [NOMBRE_PROCURADOR], Procurador/a de los Tribunales, en nombre y representación de Don/Doña [NOMBRE_CLIENTE], según acredito mediante poder especial que acompaño (Doc. N.º 1) y en el que constan sus datos personales, ante el Juzgado/la Sección comparezco con la asistencia letrada de Don/Doña [NOMBRE_ABOGADO_CLIENTE] y como mejor proceda en Derecho, **DIGO:**

Que mediante el presente escrito y de conformidad con el artículo 270 y ss. de la Ley de Enjuiciamiento Criminal, en relación con los artículos 100 y 101 del mismo cuerpo legal, formulo **QUERELLA** por un **DELITO DE LESIONES**. En cumplimento de lo exigido por el artículo 277 de la Ley de Enjuiciamiento Criminal hacemos constar los siguientes datos:

I.- COMPETENCIA JUDICIAL

La presente querella se interpone ante el Juzgado/la Sección de Instrucción de [JUZGADO] que por turno corresponda, por haberse cometido los hechos que constituyen el objeto del presente proceso penal dentro del término municipal de [MUNICIPIO] perteneciente a este partido judicial, por lo que resulta atribuida la competencia territorial a los Juzgados/a las Secciones de Instrucción de este partido judicial, de conformidad con lo establecido en el artículo 14.2 de la Ley de Enjuiciamiento Criminal.

II.- DEL QUERELLANTE

La persona perjudicada por los hechos objeto de la presente querella, y, por tanto, la parte querellante es Don/Doña [NOMBRE_CLIENTE], vecino/a de [VECINDAD] quien ostenta la capacidad legal para ser parte acusadora en el proceso penal.

Al ser el/la querellante el ofendido/a, con arreglo a lo establecido en los artículos 280 y 281 de la Ley de Enjuiciamiento Penal queda exento/a de la obligación de prestar fianza.

III.- DEL QUERELLADO

D./D.ª [NOMBRE_QUERELLADO] mayor de edad, con domicilio en [MUNICIPIO_DIRECCION] y titular del Documento Nacional de Identidad [N°_DNI] en concepto de autor/a de los hechos que más adelante se detallan. **(2)**

IV.- RELACIÓN DE LOS HECHOS

Los hechos que motivan la querella y que presentan caracteres delictivos son los siguientes:

PRIMERO.- Encontrándose mi cliente D./D.ª [NOMBRE_CLIENTE] situado/a en la calle, el día, y a la hora aproximada de [EXPRESION DEL LUGAR, DIA, HORA, AÑO EN QUE SE EJECUTARON LOS HECHOS, SI SE CONOCIERAN] [DESCRIPCION].

SEGUNDO.- [DESCRIPCION]

TERCERO.- [DESCRIPCION]

CUARTO.- [DESCRIPCION]

V.- TESTIGOS DE LOS HECHOS

Fueron testigos de los hechos ocurridos y deberán ser citados como testigos al acto de la vista:

- D./D.ª [NOMBRE] con domicilio en [DOMICILIO].
- D./D.ª [NOMBRE] con domicilio [DOMICILIO].

Policías Municipales con n.º de placa [IDENTIFICACION_FUERZA_PUBLICA].

VI.- DILIGENICAS A PRACTICAR

Para la comprobación de los hechos que se manifiestan se requieren las siguientes Diligencias.

- Solicitud por parte del Juzgado del Atestado Policial a la Policía Municipal [MUNICIPIO].
- Testificales de D./D.ª [NOMBRE] con domicilio en [DOMICILIO] y D./D.ª [NOMBRE].
- Testificales de Policías Municipales con n.º de placa [IDENTIFICACION_ FUERZA_PUBLICA].

Ello con arreglo a lo dispuesto en el art. 258 bis LECrim, relativo la celebración de los actos procesales mediante presencia telemática **(3)**.

Por todo lo expuesto;

SUPLICO AL JUZGADO/A LA SECCIÓN:

Tenga por presentado este escrito, con sus copias y documentos que se acompañan, se admita y se acuerde tener por formulada **QUERELLA** por D./D.ª [NOMBRE_ CLIENTE] contra D./D.ª [NOMBRE_PARTECONTRARIA] por un **presunto DELITO DE LESIONES** tipificado en el artículo 147 y siguientes del Código Penal, con el fin de que se acuerde incoar las diligencias oportunas, se cite a los implicados y a los testigos al juicio verbal y, en su caso, se practiquen el resto de diligencias interesadas de [DESCRIPCION] adoptándose las medidas personales de detención y prisión del presunto culpable o la exigencia de fianza de libertad provisional y se acuerde el embargo de sus bienes en la cantidad necesaria en los casos en que así proceda.

En [CIUDAD] a [DIA] de [MES] de [AÑO].

LETRADO/A D./D.ª [NOMBRE_ABOGADO_CLIENTE]

PROCURADOR/A D./D.ª [NOMBRE_PROCURADOR_CLIENTE]

QUERELLANTE D./D.ª [NOMBRE_CLIENTE]

(1) Por la reforma operada por la LO 1/2025, de 2 de enero, una vez implantados de forma efectiva los tribunales de instancia (D.T. 1.ª), todas las referencias realizadas a los juzgados unipersonales se entenderán hechas a las secciones del orden jurisdiccional correspondiente de los tribunales de instancia.

(2) Según el art. 277 LECrim. En caso de no tener constancia de los datos personales del querellado, se deberá hacer la designación del querellado por las señas que mejor pudieran darle a conocer.

(3) Tras la introducción en la LECrim del nuevo art. 258 bis a través del Real Decreto-ley 6/2023, de 19 de diciembre, las actuaciones procesales se realizarán preferentemente, salvo que el juez, jueza o tribunal, en atención a las circunstancias, disponga otra cosa, mediante presencia telemática, incluyendo las que se celebren ante los/las letrados/as de la Administración de Justicia o ante el Ministerio fiscal. En las citaciones se informará de la posibilidad de declarar de forma telemática en las condiciones establecidas en el citado precepto.

Denuncia de lesiones producidas por atropello y delito de omisión de socorro

A TENER EN CUENTA. Por la reforma operada por la LO 1/2025, de 2 de enero, una vez implantados de forma efectiva los tribunales de instancia (D.T. 1.ª), todas las referencias realizadas a los juzgados unipersonales se entenderán hechas a las secciones del orden jurisdiccional correspondiente de los tribunales de instancia.

AL JUZGADO DE INSTRUCCIÓN DE [LOCALIDAD] **QUE POR TURNO DE REPARTO CORRESPONDA/SECCIÓN DE INSTRUCCIÓN DEL TRIBUNAL DE INSTANCIA DE** [ESPECIFICAR] **(1)**

D./D.ª [NOMBRE_CLIENTE], mayor de edad, provisto/a de D.N.I. [NIF_CIF_DNI_CLIENTE] y domicilio en [LOCALIDAD], Calle [CALLE], C.P. [NUMERO] y Telf. [NUMERO], D./D.ª [NOMBRE_PROCURADOR_CLIENTE], n.º de Colegiado/a [NUMEROCOLEGIADO_PROCURADOR_CLIENTE], Procurador/a de los Tribunales, según apoderamiento «apud acta» a practicar cuando por la Sala se señale, y bajo la dirección letrada del/de la Abogado/a, D./D.ª [NOMBRE_ABOGADO_CLIENTE], Colegiado/a con el número [NUMEROCOLEGIADO_ABOGADO_CLIENTE] del Ilustre Colegio de Abogados de [CIUDAD], con despacho profesional en [LOCALIDAD], Calle [CALLE], Telf. [NUMERO], ante el Juzgado/la Sección comparezco y como más procedente sea en Derecho,

DIGO

Que por medio del presente escrito viene a formular **DENUNCIA** como consecuencia de las lesiones sufridas por el denunciante D./D.ª [NOMBRE_CLIENTE], ocasionadas tras el atropello, acaecido el pasado día [DIA] de [MES] de [AÑO], a las [HORA] horas, en la Calle [CALLE] en su confluencia con la Calle [CALLE], contra el conductor del Vehículo [DESCRIPCION], Matrícula [DESCRIPCION], Asegurado en la Compañía [NOMBRE_EMPRESA], con Póliza n.º [NUMERO]. Siniestro registrado por la Policía Local de [LOCALIDAD], bajo el Atestado n.º [NUMERO], por la posible comisión de un delito de lesiones del art. 147 del Código Penal y un delito de omisión del deber de socorro del art. 195 del Código Penal **(2)** sobre la base de los siguientes,

HECHOS

PRIMERO.- DESARROLLO DEL ATROPELLO

Que el pasado día [NUMERO], de [MES] de [AÑO] cuando el/la denunciante estaba cruzando por el paso de peatones existente en la calle [CALLE] en su confluencia con la Calle [CALLE] de la localidad de [LOCALIDAD], fue embestido/a por el vehículo [DESCRIPCION], matrícula [DESCRIPCION], asegurado en la compañía [NOMBRE_EMPRESA], con póliza n.º [NUMERO], cuyo/a conductor/a, tras el incidente, se dio a la fuga, siendo posteriormente identificado/a por la Policía Municipal, levantándose atestado que fue registrado bajo el número [NUMERO].

SEGUNDO.- DAÑOS PERSONALES

La patrulla policial que se personó en el lugar de los hechos, trasladó a mi patrocinado/a al Hospital [NOMBRE], en el que fue tratado de las lesiones sufridas, debiendo permanecer ingresado durante [PLAZO_DIAS] días.

Se adjunta como documento número [NUMERO], el parte médico del denunciante. Estando a raíz de estos hechos de baja laboral, extremo que probamos con el documento n.° [NUMERO].

Aportamos a los documentos números [NUMERO] a [NUMERO] informes emitidos tras la asistencia hospitalaria prestada del denunciante.

A día de hoy continúa bajo tratamiento médico.

TERCERO.- DAÑOS MATERIALES

A consecuencia del golpe se rompió el [ESPECIFICAR] del denunciante, marca [DESCRIPCION], modelo [DESCRIPCION] cuya reparación ha supuesto un coste de [CANTIADD] euros. Uno como documento número [NUMERO] factura de reparación.

Por todo lo expuesto,

SUPLICO AL JUZGADO/A LA SECCIÓN:

Tenga por presentado este escrito y por formulada la denuncia que contiene frente al conductor del vehículo [DESCRIPCION], matrícula [DESCRIPCION], asegurado en la compañía [NOMBRE_EMPRESA], con póliza n.° [NUMERO], se digne a ordenar lo conducente a la averiguación de los hechos, determinación de los responsables y concreción de las lesiones y secuelas, para en su día, previa la tramitación legal oportuna, sea celebrado el juicio pertinente.

Es justicia que se solicita en [LOCALIDAD] a [DIA] de [MES] de [AÑO]

Fdo.: D./D.ª [NOMBRE_ABOGADO]

Fdo.: D./D.ª [NOMBRE_PROCURADOR]

OTROSÍ DIGO: que para determinar la persona que conducía el vehículo causante del atropello se hace preciso requerir a la Policía Local de [LOCALIDAD] para que remitan lo antes posible copia del atestado confeccionado, bajo el número [NUMERO]

En su virtud,

SUPLICO AL JUZGADO/A LA SECCIÓN:

Tenga por efectuada la anterior manifestación y acuerde lo conducente para su efectividad.

Es justicia que se solicita en [LOCALIDAD] a [DIA] de [MES] de [AÑO]

Fdo.: D./D.ª [NOMBRE_ABOGADO]

Fdo.: D./D.ª [NOMBRE_PROCURADOR]

---

(1) Por la reforma operada por la LO 1/2025, de 2 de enero, una vez implantados de forma efectiva los tribunales de instancia (D.T. 1.ª), todas las referencias a los juzgados unipersonales se entenderán realizadas a las secciones del orden jurisdiccional correspondiente de los tribu-

nales de instancia. En este caso, el art. 88 de la LOPJ atribuye esta materia a la sección de instrucción o sección única.

(2) La STS 19 de enero de 2000 para determinar la existencia de un delito de omisión de deber de socorro, se requiere la existencia de: 1º) Una conducta omisiva sobre el deber de socorrer a una persona desamparada y en peligro manifiesto y grave, es decir, cuando necesite protección de forma patente y conocida y que no existan riesgos propios o de un tercero, como pueda ser la posibilidad de sufrir lesión o perjuicio desproporcionado en relación con la ayuda que necesita; 2º) Una repulsa por el ente social de la conducta omisiva del agente; 3º) Una culpabilidad constituida no solamente por la conciencia del desamparo de la víctima y la necesidad de auxilio, sino además por la posibilidad del deber de actuar (STS 23 de febrero de 1981 ; 27 de noviembre de 1982 ; 9 de mayo de 1983 ; 18 de enero de 1984 ; 4 de febrero y 13 de marzo de 1987 ; 16 de mayo , 5 de diciembre de 1989 , 25 de enero , 30 de abril y 18 de mayo de 1991 y 13 de mayo de 1997). La existencia de dolo se ha de dar como acreditada en la medida en que el sujeto tenga conciencia del desamparo y del peligro de la víctima, bien a través del dolo directo, certeza de la necesidad de ayuda, o del eventual, en función de la probabilidad de la presencia de dicha situación, pese a lo cual se adopta una actitud pasiva.

Denuncia por riña tumultuaria

A TENER EN CUENTA. Por la reforma operada por la LO 1/2025, de 2 de enero, una vez implantados de forma efectiva los tribunales de instancia (D.T. 1.ª), todas las referencias a los juzgados unipersonales se entenderán realizadas a las secciones del orden jurisdiccional correspondiente de los tribunales de instancia.

AL JUZGADO DE INSTRUCCIÓN DE [LOCALIDAD] **QUE POR TURNO DE REPARTO CORRESPONDA/SECCIÓN DE INSTRUCCIÓN DEL TRIBUNAL DE INSTANCIA DE** [ESPECIFICAR] **(1)**

Don/Doña [NOMBRE_PROCURADOR_CLIENTE], Procurador/a de los Tribunales, en nombre y representación de Don/Doña [NOMBRE_CLIENTE], con domicilio en esta ciudad [DOMICILIO_CLIENTE], y provisto de DNI número [DNI_CLIENTE] lo que acredito mediante escritura de poder general para pleitos, para su unión a los autos por copia testimoniada con devolución de aquélla, previo testimonio en autos, con la asistencia del/de la Letrado/a Don/Doña [NOMBRE_ABOGADO_CLIENTE], con núm. de colegiado/a [NUMERO_COLEGIADO_ABOGADO_CLIENTE] como más procedente sea en Derecho, ante el Juzgado/Sección comparezco y

DIGO

Que, por medio del presente escrito y de conformidad con el artículo 265 de la Ley de Enjuiciamiento Criminal, vengo a formular **DENUNCIA** contra D./D.ª [NOMBRE_PARTECONTRARIA], con DNI [DNI_PARTECONTRARIA] y domicilio a efectos de notificaciones [DOMICILIO_PARTECONTRARIA], **D./D.ª** [NOMBRE_PARTECONTRARIA], con DNI [DNI_PARTECONTRARIA] y domicilio a efectos de notificaciones [DOMICILIO_PARTECONTRARIA], **D./D.ª** [NOMBRE_PARTECONTRARIA], con DNI [DNI_PARTECONTRARIA] y domicilio a efectos de notificaciones [DOMICILIO_PARTECONTRARIA] y **D./D.ª** [NOMBRE_PARTECONTRARIA], con DNI [DNI_PARTECONTRARIA], mayores de edad, y vecinos de [LOCALIDAD], y domicilio a efectos de notificaciones [DOMICILIO_PARTE_CONTRARIA], por un **DELITO DE RIÑA TUMULTUARIA**, y todo ello con base en los siguientes:

HECHOS (2)

PRIMERO.- El pasado día [NUMERO], de [MES] de [AÑO], cuando el/la denunciante estaba cruzando la esquina existente en la calle [CALLE] en su confluencia con la Calle [CALLE] de la localidad de [LOCALIDAD], a las [HORA] horas, se produjo una pelea en la que participaban D./D.ª [NOMBRE_PARTECONTRARIA], D./D.ª [NOMBRE_PARTECONTRARIA], D./D.ª [NOMBRE_PARTECONTRARIA] y D./D.ª [NOMBRE_PARTE_CONTRARIA], participando de forma conjunta y enfrentada, y que empezaron a [ESPECIFICAR].

SEGUNDO.- Tras los hechos anteriores, D./D.ª [NOMBRE_PARTECONTRARIA] sacó de su bolsillo un [ESPECIFICAR_MEDIO_O_INSTRUMENTO_PELIGROSO], instrumento que pone en peligro la integridad física de las personas, mostrándolo con gesto amenazante. Inmediatamente, llegaron al lugar de los hechos dos personas más, no identificadas, profiriendo expresiones como «[DESCRIPCION]», «[DESCRIPCION]», (...).

TERCERO.- Las personas mencionadas anteriormente comenzaron a reñir, generando una situación peligrosa para las personas presentes y para el orden público, siendo necesaria la posterior intervención de la Policía Local, la cual identificó a alguno de los participantes.

CUARTO.- Finalmente, resultaron lesionados varios sujetos, entre ellos el/la denunciante, quien sufrió [DESCRIBIR_LESIONES], siendo atendido posteriormente en el Centro médico [NOMBRE], donde se le expidió parte facultativo de lesiones que se adjunta como documento n.º [NÚMERO].

A los anteriores hechos resultan de aplicación los siguientes,

FUNDAMENTOS DE DERECHO

Que los citados hechos podrían ser constitutivos de delito tipificado en el artículo 154 del Código Penal, que establece que «Quienes riñeren entre sí, acometiéndose de manera tumultuaria, y utilizando medios o instrumentos que pongan en peligro la vida o la integridad física de las personas, serán castigados por su participación en la riña con la pena de prisión de tres meses a un año, o multa de seis a veinticuatro meses».

Por lo expuesto,

SUPLICO AL JUZGADO/A LA SECCIÓN:

Tenga por presentado este escrito con sus copias y documentos que lo acompañan, se sirva admitir la presente **DENUNCIA** por presunto DELITO DE RIÑA TUMULTUARIA y acordar la tramitación de la misma con la mayor urgencia, así como investigar los hechos denunciados con el fin de esclarecer la eventual responsabilidad penal que pueda derivarse de los mismos.

En [LOCALIDAD] a [DIA] de [MES] de [AÑO].

Fdo.: [FIRMA]

Letrado D./D.ª [NOMBRE]

[NUMEROCOLEGIADO ABOGADO_CLIENTE]

Procurador D./D.ª [NOMBRE]

[NUMEROCOLEGIADO_PROCURADOR_CLIENTE]

---

(1) Por la reforma operada por la LO 1/2025, de 2 de enero, una vez implantados de forma efectiva los tribunales de instancia (D.T. 1.ª), todas las referencias a los juzgados unipersonales se entenderán realizadas a las secciones del orden jurisdiccional correspondiente de los tribunales de instancia.

(2) Descripción de los hechos con la mayor exactitud posible y las demás circunstancias y pormenores de lo ocurrido.

Denuncia por lesiones producidas por imprudencia profesional

A TENER EN CUENTA. Por la reforma operada por la LO 1/2025, de 2 de enero, una vez implantados de forma efectiva los tribunales de instancia (D.T. 1.ª), todas las referencias realizadas a los juzgados unipersonales se entenderán hechas a las secciones del orden jurisdiccional correspondiente de los tribunales de instancia.

AL JUZGADO DE INSTRUCCIÓN DE [LOCALIDAD] **QUE POR TURNO DE REPARTO CORRESPONDA/A LA SECCIÓN DE INSTRUCCIÓN DEL TRIBUNAL DE INSTANCIA DE** [LOCALIDAD] **(1)**

D./D.ª [NOMBRE_PROCURADOR_CLIENTE], en nombre y representación de D./D.ª [NOMBRE_CLIENTE] mayor de edad, y con D.N.I. n.º [NIF_CIF_DNI_CLIENTE], bajo la dirección letrada de, D./D.ª [NOMBRE_ABOGADO_CLIENTE], colegiado/a n.º [NUMEROCOLEGIADO_ABOGADO_CLIENTE], según acredito mediante escritura de poder, ante el Juzgado/Sección al que por reparto corresponda comparezco y, como mejor en Derecho proceda,

DIGO

Que, por medio del presente escrito, y de conformidad con el artículo 265 de la Ley de Enjuiciamiento Criminal, vengo a formular expresa DENUNCIA frente a D./D.ª [NOMBRE_PARTECONTRARIA], médico del Hospital de [NOMBRE], con domicilio profesional a efectos de citaciones y notificaciones en dicho Centro sanitario, por un DELITO DE LESIONES PRODUCIDAS POR IMPRUDENCIA DE UN PROFESIONAL, y ello con base en los siguientes

HECHOS

PRIMERO.- La relación circunstancial de los hechos, con expresión de lugar y fechas en que se sucedieron, es la siguiente:

Con fecha [FECHA], el/la denunciante D./D.ª [NOMBRE] sufrió un profundo corte en [ESPECIFICAR] cuando se encontraba trabajando en [NOMBRE_EMPRESA], sito en el término municipal de [LOCALIDAD].

Inmediatamente fue trasladado/a por un compañero/a al servicio de urgencias más cercano, que resultó ser el de [LOCALIDAD], donde fue examinada la herida que presentaba, y al apreciarse posible afectación de [ESPECIFICAR] fue remitida al Hospital [NOMBRE], dependiente del Servicio de Salud de [ESPECIFICAR], para que fuera debidamente atendida.

En dicho Hospital valoraron la lesión en primer lugar en el Servicio de Urgencias, del que se le derivó al Servicio de Cirugía Plástica, donde se encontraba de guardia localizada el ahora denunciado/a D./D.ª [NOMBRE_PARTE_CONTRARIA].

SEGUNDO.- Reclamada la presencia de éste en dicho Hospital, compareció en el mismo rápidamente, diagnosticando que la paciente sufría una herida [DESCRIPCION]. En consecuencia, se le intervino quirúrgicamente por el denunciado/a D./D.ª

[NOMBRE_PARTECONTRARIA], bajo anestesia local, con sutura del [DESCRIPCION], colocación de aguja [DESCRIPCION] y vendaje. Le prescribió un antibiótico y un analgésico. Se le facilitaron instrucciones postoperatorias, recomendando un seguimiento por su Mutua de accidentes.

En el curso de dicha intervención quirúrgica el denunciado/a, con la finalidad de [ESPECIFICAR], procedió a [DESCRIPCION].

Al día siguiente, [FECHA], la denunciante acudió a las instalaciones de su Mutua de accidentes de trabajo, adjuntando el informe de asistencia que le había sido entregado en el Hospital de [NOMBRE], en el cual se reflejan todas las actuaciones efectuadas en el mismo. En la mencionada Mutua le atendió D./D.ª [NOMBRE], que le extendió la baja laboral, le administró la medicación prescrita y le citó para el día [FECHA] para revisión y para retirar la aguja que portaba, siguiendo las instrucciones de aquel Centro Hospitalario, sin levantar el vendaje, pues la operación estaba muy reciente, aunque la paciente no sufría dolor. Continuó sin dolores a lo largo de todo ese día.

TERCERO.- Los días [FECHA] Y [FECHA] el dolor del/la denunciante fue aumentando hasta hacerse casi insoportables, por lo que pese a tener cita para el día siguiente, acudió de nuevo a la mutua de accidentes, donde fue atendido/a otra vez por el/la doctor/a que la atendió por vez primera, quien le retiró el vendaje, advirtiendo en ese momento [DAÑO_CAUSADO], que cortó, retirando la aguja y curando y vendando el [ESPECIFICAR]. D./D.ª [NOMBRE] a continuación la envió a casa con el compromiso de llamarla durante la mañana para proporcionarle instrucciones.

Acto seguido, D./D.ª [NOMBRE] localizó en otro Hospital Clínico Universitario de esta misma ciudad otro médico, del Servicio de Traumatología, y a quien expuso la situación, solicitando éste la presencia física de la perjudicada en el Hospital, de modo que D./D.ª [NOMBRE] procedió a contactar con la denunciante, a la que remitió al indicado Hospital, donde fue reconocida por el doctor del Servicio de Traumatología, que fecha [DESCRIPCION].

CUARTO.- La ahora denunciante precisó para la curación de sus lesiones, además de primera asistencia facultativa, de tratamiento médico-quirúrgico, con ingreso hospitalario, antiinflamatoria y ansiolítica y terapia rehabilitadora. El tiempo de curación fue de [PLAZO_DIAS] días, de los cuales estuvo [PLAZO_DIAS] incapacitada para sus ocupaciones habituales, con uno de éstos en estancia hospitalaria.

A la denunciante le han quedado las siguientes secuelas, que constituyen un menoscabo en la funcionalidad de [DAÑO_CAUSADO] del [PORCENTAJE] % y una deficiencia corporal del [PORCENTAJE] %:

QUINTO.- Que considera que los hechos anteriormente descritos pueden ser constitutivos de un delito de lesiones por imprudencia de las que se recogen en el artículo 152 del vigente Código Penal, concurriendo, además, la circunstancia de agravación prevista en el artículo 152.3 relativa al hecho de que la imprudencia se ha cometido mediante imprudencia profesional del médico interviniente.

La previsibilidad de las consecuencias dañosas deberá ponderarse además atendiendo a los conocimientos del que realizó el comportamiento ocasionador de los resultados lesivos, y por tanto, teniendo en cuenta su nivel de inteligencia, sus estudios y preparación académica y su experiencia profesional y vital.

Las normas objetivas de cuidado pueden estar establecidas en Leyes y Reglamentos, o bien ser normas no escritas, surgidas de los usos sociales seguidos en el desarrollo de ciertas actividades peligrosas, o reglas observadas en la práctica de ciertas profesiones, «leges artis», o bien, normas de cuidado derivadas de la máxima ético-jurídica que prohíbe causar daño a tercero, «alterum non laedere», y que, como corolario, veda también realizar actos peligrosos que puedan desembocar en daño.

Estimamos que en el caso denunciado concurren los elementos que definen el tipo.

En virtud de lo expuesto,

SUPLICO AL JUZGADO/A LA SECCIÓN:

Admita el presente escrito junto con los documentos que se acompañan al mismo, y teniendo por formulada expresa DENUNCIA que contiene, proceda a la incoación de las diligencias previas de carácter criminal para el esclarecimiento de los hechos, y deslinde de las responsabilidades a que hubiera lugar.

En [LOCALIDAD] a [DIA] de [MES] de [AÑO]

Fdo.: [FIRMA_CLIENTE]

Letrado/a D./D.ª

[NOMBRE Y FIRMA LETRADO/A]

Procurador/a D./D.ª

[NOMBRE Y FIRMA PROCURADOR/A]

OTROSÍ DIGO: que sin perjuicio de aquellas que SSª estime necesario practicar, y puesta la denuncia en conocimiento del Ministerio Fiscal, sugerimos las siguientes diligencias de investigación:

1º.- Se requiera al director Médico del Hospital [NOMBRE], a fin de que informe al Juzgado acerca del puesto de trabajo que desempeña actualmente el médico D./D.ª [NOMBRE_PARTECONTRARIA]

2º.- Se reciba declaración al denunciado como investigado.

SUPLICO AL JUZGADO/A LA SECCIÓN:

Tenga por realizadas las anteriores manifestaciones a los efectos oportunos.

En lugar y fecha indicados «ut supra»

Fdo.: [FIRMA_CLIENTE]

Letrado/a D./D.ª

[NOMBRE Y FIRMA LETRADO/A]

Procurador/a D./D.ª

[NOMBRE Y FIRMA PROCURADOR/A]

---

(1) Por la reforma operada por la LO 1/2025, de 2 de enero, una vez implantados de forma efectiva los tribunales de instancia (D.T. 1.ª), todas las referencias realizadas a los juzgados unipersonales se entenderán hechas a las secciones del orden jurisdiccional correspondiente de los tribunales de instancia.

Escrito de acusación por los delitos de conducción bajo influencia de bebidas alcohólicas y de lesiones

A TENER EN CUENTA. Por la reforma operada por la LO 1/2025, de 2 de enero, una vez implantados de forma efectiva los tribunales de instancia (D.T. 1.ª), todas las referencias realizadas a los juzgados unipersonales se entenderán hechas a las secciones del orden jurisdiccional correspondiente de los tribunales de instancia.

TIPO DE PROCEDIMIENTO [DESCRIPCIÓN]

AUTOS [NÚMERO/AÑO]

AL JUZGADO DE INSTRUCCIÓN NÚMERO [NUMERO] DE [LOCALIDAD]/A LA SECCIÓN DE INSTRUCCIÓN DEL TRIBUNAL DE INSTANCIA DE [LOCALIDAD] (1)

Don/Doña [NOMBRE_PROCURADOR_CLIENTE], procurador/a de los tribunales, en nombre y representación de Don/Doña [NOMBRE_CLIENTE], con domicilio en esta ciudad [DOMICILIO_CLIENTE], y provisto/a de DNI número [DNI_CLIENTE], como tengo debidamente acreditado en autos, con la asistencia del/de la letrado/a Don/Doña [NOMBRE_ABOGADO_CLIENTE], con núm. de colegiado/a [NÚMERO] como más procedente sea en Derecho ante el juzgado/sección comparezco y,

DIGO

Evacuando en el plazo concedido el traslado que nos ha sido efectuado a los fines de lo dispuesto en el artículo 780.1 de la Ley de Enjuiciamiento Criminal, solicitamos la **APERTURA DE JUICIO ORAL** y formulamos **ESCRITO DE ACUSACIÓN** contra Don/Doña [NOMBRE_PARTE_CONTRARIA] con DNI [NIF] y domicilio en [DOMICILIO] con base en las siguientes

CONCLUSIONES PROVISIONALES

PRIMERA.- HECHOS

El acusado, sin/con antecedentes penales, conducía el día [FECHA] por la dirección [LUGAR]. A las [HORA] arrolla a un peatón que cruzaba por el paso de peatones de [DIRECCIÓN].

Personados los agentes de seguridad al lugar de los hechos, practican la prueba de alcoholemia al acusado con el siguiente resultado [ESPECIFICAR] **(2)** e indican en el atestado que Don/Doña [NOMBRE_PARTE_CONTRARIA] tenía gravemente afectadas sus capacidades cognitivas, conduciendo con grave riesgo para los peatones y demás usuarios de la vía pública.

La víctima sufrió las siguientes lesiones como consecuencia del accidente: [ESPECIFICAR], como consta en el parte de lesiones que obra en la causa (folio [NÚMERO]).

SEGUNDA.- CALIFICACIÓN JURÍDICA

Que los citados hechos son constitutivos de delito de conducción bajo los efectos del alcohol, tipificado en el artículo 379.2 del CP en concurso ideal (artículo 77 del CP) con un delito de lesiones tipificado en el artículo 147.1 del CP.

TERCERA.- PARTICIPACIÓN

El acusado es autor del delito de conducción bajo los efectos del alcohol tipificado en el artículo 379.2 del CP y de un delito de lesiones tipificado en el artículo 147.1 del CP.

CUARTA.- CIRCUNSTANCIAS MODIFICATIVAS DEL LA RESPONSABILIDAD CRIMINAL

No concurren circunstancias modificativas de la responsabilidad criminal (3).

QUINTA.- PENA

Procede imponer al acusado una pena de [ESPECIFICAR] de [NUMERO], de conformidad con los artículos 379.1, 152.1 y 382 del CP (4).

SEXTA.- RESPONSABILIDAD CIVIL

Procede imponer al acusado/a, en concepto de responsabilidad civil (116.1 del CP), la cantidad de [NÚMERO] euros de indemnización por las lesiones producidas siendo la compañía aseguradora [NOMBRE] responsable civil directo, de conformidad con el artículo 117 del CP.

SÉPTIMA. PROPOSICIÓN DE PRUEBA

Se proponen los siguientes MEDIOS DE PRUEBA (5):

1) Interrogatorio de la parte acusada, Don/Doña [NOMBRE_PARTE_CONTRARIA] (6).

2) TESTIFICAL, a cuyo efecto deben ser citados por el juzgado:

- Don/Doña [NOMBRE] con domicilio en [DIRECCIÓN].

- Don/Doña [NOMBRE] con domicilio en [DIRECCIÓN].

3) DOCUMENTAL, con la lectura de los siguientes folios: [NÚMERO].

4) PERICIAL, con citación de Don/Doña [NOMBRE] con domicilio en [DIRECCIÓN].

Por todo ello,

SUPLICO AL JUZGADO/A LA SECCIÓN:

Que tenga por presentado este escrito en tiempo y forma, se sirva a admitirlo y, en virtud de lo expuesto, tenga por solicitada la apertura de juicio oral y por formulado escrito de acusación contra Don/Doña [NOMBRE_PARTE_CONTRARIA], con imposición de costas al acusado.

En [LUGAR], a [DÍA] de [MES] de [AÑO]

LETRADO [NOMBRE_ABOGADO_CLIENTE]

PROCURADOR [NOMBRE_PROCURADOR_CLIENTE]

---

(1) Por la reforma operada por la LO 1/2025, de 2 de enero, una vez implantados de forma efectiva los tribunales de instancia (D.T. 1.ª), todas las referencias realizadas a los juzgados unipersonales se entenderán hechas a las secciones del orden jurisdiccional correspondiente de los tribunales de instancia.

(2) Superior a 0,60 miligramos por litro de aire o con una tasa de alcohol en sangre superior a 1,2 gramos por litro.

(3) Indicar si concurren en su caso algunas de las circunstancias previstas en el art. 22 del CP.

(4) El art. 382.1 del CP dispone que: «*Cuando con los actos sancionados en los artículos 379, 380 y 381 se ocasionare, además del riesgo prevenido, un resultado lesivo constitutivo de delito, cualquiera que sea su gravedad, los Jueces o Tribunales apreciarán tan sólo la infracción más gravemente penada, aplicando la pena en su mitad superior y condenando, en todo caso, al resarcimiento de la responsabilidad civil que se hubiera originado*». Tener en cuenta el art. 47 del CP: «*La imposición de la pena de privación del derecho a conducir vehículos a motor y ciclomotores inhabilitará al penado para el ejercicio de ambos derechos durante el tiempo fijado en la sentencia*».

(5) Tras la introducción en la LECrim del nuevo art. 258bis a través del Real Decreto-ley 6/2023, de 19 de diciembre, las actuaciones procesales se realizarán preferentemente, salvo que el juez o jueza o tribunal, en atención a las circunstancias, disponga otra cosa, mediante presencia telemática, incluyendo las que se celebren ante los/las letrados/as de la Administración de Justicia o ante el Ministerio fiscal. En las citaciones se informará de la posibilidad de declarar de forma telemática en las condiciones establecidas en el citado precepto.

(6) De acuerdo con el nuevo art. 258bis LECrim «*2. (...) será necesaria la presencia física del acusado en la sede del órgano judicial de enjuiciamiento en los juicios por delito grave y juicios de Tribunal de Jurado, sin perjuicio de lo previsto en los tratados internacionales en los que España sea parte, las normas de la Unión Europea y demás normativa aplicable a la cooperación con autoridades extranjeras para el desempeño de la función jurisdiccional.*

En los juicios por delito menos grave, cuando la pena exceda de dos años de prisión o, si fuera de distinta naturaleza, cuando su duración no exceda de seis años, el acusado comparecerá físicamente ante la sede del órgano de enjuiciamiento si así lo solicita este o su letrado, o si el órgano judicial lo estima necesario. La decisión deberá adoptarse en auto motivado.

En el resto de juicios, cuando el acusado comparezca, lo hará físicamente ante la sede del órgano de enjuiciamiento si así lo solicita él o su letrado, o si el órgano judicial lo estima necesario. La decisión deberá adoptarse en auto motivado.

En todo caso, en los procesos y juicios, cuando el acusado resida en la misma demarcación del órgano judicial que conozca o deba conocer de la causa, su comparecencia en juicio deberá realizarse de manera física en la sede del órgano judicial o enjuiciamiento, salvo que concurran causas justificadas o de fuerza mayor.

Cuando se disponga la presencia física del investigado o acusado, será también necesaria la presencia física de su defensa letrada. Cuando se permita su declaración telemática, el abogado del investigado o acusado comparecerá junto con este o en la sede del órgano judicial. Cuando el acusado decida no comparecer en la sede del órgano judicial, deberá notificarlo con, al menos, cinco días de antelación».

Escrito de acusación por lesiones por imprudencia grave cometido con vehículo a motor

> **A TENER EN CUENTA**. Por la reforma operada por la LO 1/2025, de 2 de enero, una vez implantados de forma efectiva los tribunales de instancia (D.T. 1.ª), todas las referencias realizadas a los juzgados unipersonales se entenderán hechas a las secciones del orden jurisdiccional correspondiente de los tribunales de instancia.

TIPO DE PROCEDIMIENTO: ABREVIADO

NÚMERO DE AUTOS: [NÚMERO] / [AÑO]

AL JUZGADO DE INSTRUCCIÓN NÚMERO [NUMERO] DE [LOCALIDAD]/SECCIÓN DE INSTRUCCIÓN DEL TRIBUNAL DE INSTANCIA DE [ESPECIFICAR] (1)

Don/Doña [NOMBRE_PROCURADOR_CLIENTE], Procurador/a de los Tribunales, en nombre y representación de **Don/Doña** [NOMBRE_CLIENTE], como tengo debidamente acreditado en autos, con la asistencia del/de la Letrado/a **Don/Doña** [NOMBRE_ABOGADO_CLIENTE], con núm. de colegiado/a [NUMERO], ante este Juzgado/Sección comparezco y, como mejor proceda en Derecho, **DIGO:**

Evacuando en el plazo concedido el traslado que nos ha sido efectuado a los fines de lo dispuesto en el artículo 780.1 de la Ley de Enjuiciamiento Criminal, solicitamos la APERTURA DE JUICIO ORAL y formulamos **ESCRITO DE ACUSACIÓN** contra D./D.ª [NOMBRE_PARTECONTRARIA] con DNI. [NUMERO] y domicilio en [DOMICILIO] con base en los siguientes

HECHOS

PRIMERO.- HECHOS PUNIBLES

De la instrucción del procedimiento quedan acreditados los hechos que en él se contienen.

Encontrándose mi cliente Don/Doña [NOMBRE_CLIENTE] situado en la calle, el día, y a la hora aproximada de [ESPECIFICAR]

El investigado en la presente causa conducía un vehículo [ESPECIFICAR] a gran velocidad por la calle [LUGAR] y tras no respetar la señal del semáforo que indicaba la parada, embistió de manera brusca a D./D.ª [NOMBRE_CLIENTE] causándole graves secuelas que obran en autos con informes de asistencia sanitaria y posterior tratamiento y que a día de la fecha sigue con asistencia facultativa, ello observable en los **documentos** [NUMERO] a [NUMERO] acreditativos de este extremo, folios núm. [NUMERO] a [NUMERO] del expediente.

Tras el atropello, mi representado D./D.ª [NOMBRE_CLIENTE] fue atendido por la Policía Municipal, así como por personal del servicio médico que se desplazó hasta el lugar de los hechos, tras la llamada realizada por uno de los testigos visuales de lo ocurrido.

El personal del servicio de atención médica procedió a la estabilización de mi mandante para su posterior traslado al hospital.

De dicha colisión por atropello, se originaron las siguientes lesiones a mi representado/a: [ESPECIFICAR] y ello de conformidad con los folios [NUMERO] a [NUMERO] de las actuaciones, en donde claramente se desprenden las mismas y el estado de la curación.

SEGUNDO.- CALIFICACIÓN

Los hechos relatados son constitutivos de un delito de **LESIONES POR IMPRUDENCIA GRAVE COMETIDO CON UN VEHICULO A MOTOR** previsto y penado en los artículos 147, 149, y 152.1 del Código Penal.

TERCERO.- PARTICIPACIÓN

Es autor del delito el investigado D./D.ª [NOMBRE_PARTE_CONTRARIA] en este procedimiento por ser este el conductor del vehículo en el momento de comisión de los hechos.

CUARTO.- CIRCUNSTANCIAS MODIFICATIVAS

No concurren circunstancias modificativas de la responsabilidad criminal.

QUINTO.- PENAS

Procede imponer al investigado Don/Doña [NOMBRE_PARTE_CONTRARIA] la pena de **prisión de seis meses,** así como la pena de inhabilitación para la conducción de vehículos a motor por un período de cuatro años. **(2)**

SEXTO.- RESPONSABILIDAD CIVIL

A) Se deberá indemnizar a Don/Doña [NOMBRE_CLIENTE] en la cantidad de [CANTIDAD] euros por los daños ocasionados, así como la incapacidad y tiempo de recuperación aun no finalizada y acorde a la ley 35/2015 de 22 de septiembre de reforma del sistema de valoración de los daños y perjuicios causados a las personas en accidentes de circulación, así como al baremo establecido para el ejercicio [AÑO].

B) Del pago de las cantidades referidas es responsable civilmente el procesado Don/Doña [NOMBRE_PARTE_CONTRARIA] y, por tanto, debe condenársele al pago de la expresada suma.

Por todo ello,

SUPLICO AL JUZGADO/A LA SECCIÓN:

Admita el escrito presentado y, en virtud de lo expuesto, tenga por **solicitada la apertura de juicio oral** y por **formulado escrito de acusación contra Don/Doña** [NOMBRE_PARTE_CONTRARIA], así como por solicitadas las pruebas que se practicarán en el acto de juicio oral y que se proponen a continuación, con la necesidad de que los testigos sean realizada por la oficina judicial, procediendo a la citación del denunciado por medio de su representación procesal **(3)**:

1) Interrogatorio [telemático/presencial] del /de los acusados/s Don/Doña [NOMBRE_PARTE_CONTRARIA], con domicilio en [DOMICILIO]. **(4)**

2) Testifical [telemática/presencial] Don/Doña [NOMBRE], con [DOMICILIO].

3) Pericial [telemática/presencial] de Don/Doña [NOMBRE], con [DOMICILIO] **(5)**

4) Documental [DOCUMENTO]

Por ser justicia en [LOCALIDAD] a [DIA] de [MES] de [AÑO]

[FIRMA]

LETRADO/A D./D.ª [NOMBRE]

[FIRMA]

PROCURADOR/A D./D.ª [NOMBRE]

---

(1) Por la reforma operada por la LO 1/2025, de 2 de enero, una vez implantados de forma efectiva los tribunales de instancia (D.T. 1.ª), todas las referencias realizadas a los juzgados unipersonales se entenderán hechas a las secciones del orden jurisdiccional correspondiente de los tribunales de instancia.

(2) En caso de que las lesiones originadas por el vehículo supongan la incapacidad o inutilidad de algún miembro corporal, se debería pedir, adicionalmente la aplicación del artículo 150, y 152.1.3º que refiere la pena de prisión de seis meses a dos años, si se tratare de las lesiones del artículo 150.

(3) Tras la introducción en la LECrim del nuevo art. 258bis a través del Real Decreto-ley 6/2023, de 19 de diciembre, las actuaciones procesales se realizarán preferentemente, salvo que el juez o jueza o tribunal, en atención a las circunstancias, disponga otra cosa, mediante presencia telemática, incluyendo las que se celebren ante los/las letrados/as de la Administración de Justicia o ante el Ministerio fiscal. En las citaciones se informará de la posibilidad de declarar de forma telemática en las condiciones establecidas en el citado precepto.

(4) Nótese que de acuerdo con el nuevo art. 258bis LECrim:

«2. (...) será necesaria la presencia física del acusado en la sede del órgano judicial de enjuiciamiento en los juicios por delito grave y juicios de Tribunal de Jurado (...)

En los juicios por delito menos grave, cuando la pena exceda de dos años de prisión o, si fuera de distinta naturaleza, cuando su duración no exceda de seis años, el acusado comparecerá físicamente ante la sede del órgano de enjuiciamiento si así lo solicita este o su letrado, o si el órgano judicial lo estima necesario. La decisión deberá adoptarse en auto motivado.

En el resto de juicios, cuando el acusado comparezca, lo hará físicamente ante la sede del órgano de enjuiciamiento si así lo solicita él o su letrado, o si el órgano judicial lo estima necesario. La decisión deberá adoptarse en auto motivado.

En todo caso, en los procesos y juicios, cuando el acusado resida en la misma demarcación del órgano judicial que conozca o deba conocer de la causa, su comparecencia en juicio deberá realizarse de manera física en la sede del órgano judicial o enjuiciamiento, salvo que concurran causas justificadas o de fuerza mayor.

Cuando se disponga la presencia física del investigado o acusado, será también necesaria la presencia física de su defensa letrada. Cuando se permita su declaración telemática, el abogado del investigado o acusado comparecerá junto con este o en la sede del órgano judicial. *Cuando el acusado decida no comparecer en la sede del órgano judicial, deberá notificarlo con, al menos, cinco días de antelación»*.

(5) De conformidad con el art. 258bis LECrim, «3. *Se garantizará especialmente que las declaraciones o interrogatorios de las partes acusadoras, testigos o peritos se realicen de forma telemática en los siguientes supuestos, salvo que el Juez o Tribunal, mediante*

resolución motivada, en atención a las circunstancias del caso concreto, estime necesaria su presencia física: (...) b)   Cuando el testigo o perito comparezca en su condición de Autoridad o funcionario público, realizando entonces su intervención desde un punto de acceso seguro».

Escrito de acusación por delito de lesiones imprudentes (responsabilidad médica)

> **A TENER EN CUENTA**. Por la reforma operada por la LO 1/2025, de 2 de enero, una vez implantados de forma efectiva los tribunales de instancia (D.T. 1.ª), todas las referencias realizadas a los juzgados unipersonales se entenderán hechas a las secciones del orden jurisdiccional correspondiente de los tribunales de instancia.

Diligencias previas [NÚMERO]/[AÑO]

Procedimiento abreviado [NÚMERO]/[AÑO]

AL JUZGADO DE INSTRUCCIÓN NÚMERO [NÚMERO] **DE** [DESCRIPCIÓN]**/SECCIÓN DE INSTRUCCIÓN DEL TRIBUNAL DE INSTANCIA DE** [ESPECIFICAR] **(1)**

D./D.ª [NOMBRE_PROCURADOR/A_CLIENTE], procurador/a de los Tribunales, actuando en nombre y representación de **D./D.ª** [NOMBRE_CLIENTE], con domicilio en esta ciudad [DOMICILIO_CLIENTE], y provisto de DNI n.º [NIF_CIF_DNI_CLIENTE], lo que acredito mediante escritura de poder general para pleitos, para su unión a los autos por copia testimoniada con devolución de aquella, previo testimonio en autos, con la asistencia del/de la letrado/a D./D.ª [NOMBRE_ABOGADO/A_CLIENTE], con n.º de colegiado/a [NÚMEROCOLEGIADO_ABOGADO_CLIENTE], ante el Juzgado/Sección comparezco y como mejor proceda en Derecho,

DIGO

Mediante el presente escrito y en aplicación del apartado 1 de los artículos 780 y 781 de la Ley de Enjuiciamiento Criminal y siguientes, intereso la APERTURA DE JUICIO ORAL, dirigiendo la acusación contra D./D.ª [NOMBRE_PARTE_CONTRARIA], mayor de edad, vecino/a de [LOCALIDAD], con DNI n.º [NIF_CIF_DNI_PARTE_CONTRARIA], cuyas circunstancias personales constan en actuaciones conforme a las siguientes,

CONCLUSIONES PROVISIONALES

PRIMERO.- HECHOS PUNIBLES

Mi mandante ingresó el día [DIA] de [MES] de [AÑO] en el centro hospitalario de [LUGAR] con los siguientes síntomas: [INDICAR].

A las [HORAS] le atendieron el/la doctor/a [NOMBRE_PARTE_CONTRARIA] y el/la enfermero/a [NOMBRE_Y_APELLIDOS]. Dada la gravedad de la paciente, ordenaron realizar las siguientes pruebas médicas: [ESPECIFICAR].

El resultado de la analítica practicada revelaba la necesidad de una intervención quirúrgica de urgencia como manifiesta el informe pericial que adjuntamos como documento n.º [NÚMERO].

A pesar de lo anterior, el facultativo no ordenó actuación médica alguna, lo que causó a mi mandante los daños que más adelante se dirán.

El retraso en dicha actuación supone una manifiesta infracción de la lex artis ad hoc, como corrobora el informe pericial indicado, elaborado por el doctor [NOMBRE_Y_APELLIDOS], especialista en [ESPECIALIDAD_MÉDICA].

Como consecuencia, mi mandante sufrió las siguientes lesiones: [ESPECIFICAR_LESIONES], como se acredita con el informe médico que adjuntamos como documento n.º [NÚMERO].

SEGUNDO.- CALIFICACIÓN LEGAL

Los hechos descritos constituyen un DELITO DE LESIONES, tipificado en el artículo [NÚMERO] del Código Penal **(2)**.

TERCERO.- PARTICIPACIÓN

Del anterior hecho es autor el/la profesional sanitario/a D./D.ª [NOMBRE Y APELLIDOS].

CUARTO.- CIRCUNSTANCIAS MODIFICATIVAS DE LA RESPONSABILIDAD CIVIL

[NO SE APRECIAN/SE APRECIAN] hechos constitutivos de circunstancias atenuantes o agravantes o eximentes de responsabilidad criminal.

QUINTO.- PENA

Procede imponer al acusado, en aplicación del artículo [NÚMERO] del Código Penal **(2)**, la pena de [PRISIÓN/MULTA] de [NÚMERO] [MESES/AÑOS] así como [PENA INHABILITACIÓN PROFESIONAL] **(3)**.

SEXTO.- RESPONSABILIDAD CIVIL

La cantidad en que aprecian los daños y perjuicios causados por el delito asciende a [CANTIDAD] euros.

Se indemnizará a [NOMBRE CLIENTE] con la cantidad de [CANTIDAD] euros por los perjuicios sufridos.

Asimismo, se declarará la responsabilidad civil subsidiaria del centro médico [NOMBRE] **(4)**.

Esta parte interesa para la acreditación de todo lo relacionado, que se practiquen, previa declaración de pertinencia, en el acto del juicio del juicio oral, los siguientes,

MEDIOS DE PRUEBA (5)

1.º **Interrogatorio** [telemático/presencial] de la parte acusada **(6)**.

2.º **Testifical** [telemática/presencial]: deberán citarse por el juzgado los siguientes testigos:

- D./D.ª [NOMBRE], con domicilio en [DOMICILIO].

- D./D.ª [NOMBRE], con domicilio en [DOMICILIO].

- D./D.ª [NOMBRE], con domicilio en [DOMICILIO].

3.º **Documental:** por lectura de los siguientes folios de las diligencias [DESCRIPCIÓN].

Por lo expuesto,

SUPLICO AL JUZGADO/A LA SECCIÓN:

Tenga por presentado este escrito con los documentos que acompaño y copia de todo ello, lo admita y acuerde tener por evacuado el trámite de conclusiones provisionales y proposición de prueba para el acto del juicio interesando desde este momento su admisión y la práctica de la propuesta con carácter anticipado.

Es justicia que pido en [LUGAR], a [DÍA], de [MES], [AÑO].

Letrado/a D./D.ª

[NOMBRE Y FIRMA LETRADO/A]

Procurador/a D./D.ª

[NOMBRE Y FIRMA PROCURADOR/A]

OTROSÍ DIGO: interesamos la formación de pieza de responsabilidad civil del acusado con el fin de que se aseguren las responsabilidades civiles que se le reclaman y que se les requiera para que presten fianza en la cantidad de [CANTIDAD] euros, procediéndose en caso contrario al embargo de bienes en cantidad suficiente para asegurarlas.

Por lo expuesto,

AL JUZGADO/A LA SECCIÓN SUPLICO:

Tenga por hecha la anterior manifestación y acuerde de conformidad a la misma.

Es justicia que pido en el lugar y fecha ut supra.

Letrado/a D./D.ª

[NOMBRE Y FIRMA LETRADO/A]

Procurador/a D./D.ª

[NOMBRE Y FIRMA PROCURADOR/A]

(1) Por la reforma operada por la LO 1/2025, de 2 de enero, una vez implantados de forma efectiva los tribunales de instancia (D.T. 1.ª), todas las referencias realizadas a los juzgados unipersonales se entenderán hechas a las secciones del orden jurisdiccional correspondiente de los tribunales de instancia.

(2) Indicar el tipo delictivo de la lesión (art. 147, art. 149, art. 150 del CP.)

(3) El artículo 152.1 del CP dispone que si la lesión se comete por imprudencia profesional se impondrá, además, la pena de inhabilitación especial para el ejercicio de la profesión, oficio o cargo.

(4) La responsabilidad civil subsidiaria de los centros privados se regula en el artículo 120 del CP y la de los centros públicos en el artículo 121 del CP.

(5) Tras la introducción en la LECrim del nuevo art. 258 bis a través del Real Decreto-ley 6/2023, de 19 de diciembre, las actuaciones procesales se realizarán preferentemente, salvo que el juez o jueza o tribunal, en atención a las circunstancias, disponga otra cosa, mediante presencia telemática, incluyendo las que se celebren ante los/las letrados/as de la Administración de Justicia o ante el Ministerio Fiscal. En las citaciones se informará de la posibilidad de declarar de forma telemática en las condiciones establecidas en el citado precepto. Esta reforma ha entrado en vigor el 20 de marzo de 2024.

(6) De acuerdo con el nuevo art. 258 bis LECrim «*2. (...) será necesaria la presencia física del acusado en la sede del órgano judicial de enjuiciamiento en los juicios por delito grave y juicios de Tribunal de Jurado, (...)*

En los juicios por delito menos grave, cuando la pena exceda de dos años de prisión o, si fuera de distinta naturaleza, cuando su duración no exceda de seis años, el acusado comparecerá físicamente ante la sede del órgano de enjuiciamiento si así lo solicita este o su letrado, o si el órgano judicial lo estima necesario. La decisión deberá adoptarse en auto motivado.

En el resto de juicios, cuando el acusado comparezca, lo hará físicamente ante la sede del órgano de enjuiciamiento si así lo solicita él o su letrado, o si el órgano judicial lo estima necesario. La decisión deberá adoptarse en auto motivado.

En todo caso, en los procesos y juicios, cuando el acusado resida en la misma demarcación del órgano judicial que conozca o deba conocer de la causa, su comparecencia en juicio deberá realizarse de manera física en la sede del órgano judicial o enjuiciamiento, salvo que concurran causas justificadas o de fuerza mayor.

Cuando se disponga la presencia física del investigado o acusado, será también necesaria la presencia física de su defensa letrada. Cuando se permita su declaración telemática, el abogado del investigado o acusado comparecerá junto con este o en la sede del órgano judicial.

Cuando el acusado decida no comparecer en la sede del órgano judicial, deberá notificarlo con, al menos, cinco días de antelación».